ちくま新書

ヨーロッパ思想を読み解く
——何が近代科学を生んだか

古田博司
Furuta Hiroshi

1083

ヨーロッパ思想を読み解く——何が近代科学を生んだか【目次】

第八章　「あの世」と「向こう側」　189

はじめに

教師たる者、学生に「人生には無限の可能性がある」と言いがちだ。私もそうだった。温室の中で、作物たちにもっと育て、君たちはもっと上に茎をのばせるのだと教えてきた。しかし、その教育方法たるや、ゆとり教育の時代があったにはせよ、基本的には知識偏重の詰め込み一辺倒であった。水や肥料を大量にやれば作物が無限に育つわけではない。哲学や思想の分野でも、舶来の用語を機械的に翻訳したものを学生たちに詰め込む教師ばかりだった。

だが、教師は自らの背後を見てみるとよい。有限だった人生が、そこに箱庭のようにきれいに静まり返っているではないか。無限の可能性など、ないのではないか。

もっとも、これからの時代は、そのような人生でよいのかもしれない。無限の可能性を目指す近代は終わったのであるから。

ただし、静かな箱庭はもうない。荒れ野だが、そこに力強く立ち、勝手にのびろと教えればよい。

いまの学生は、勉強をしないだとか、知識がないとか言われる。だが、大多数の学生はいつの時代でもそうだ。そして、どの時代にも、自ら考えずにはいられない学生、この世界の成り立ちに関心を持たざるを得ない学生はいるのだ。

本書は、そういう学生との問答を元に、近代のその先に来るべき思考法を模索するものである。

いまの学生にこう伝えたい。たえず自分の立ち位置を確かめ、そこから有用性のある方角を探れ。「人生には無限の可能性はない」。しかし、「無限の存在へと近づく可能性」は健全すぎるほど健全にある――

プロローグ

世界をつくった「向こう側の哲学」

1　問答①——向こう側ってなんだ？

†西洋哲学はなぜわからないか

弟子　先生、一つ聞いていいですか。

師　なんだね。急に改まって。

弟子　大学で哲学や思想を専門に勉強してきたんですが、先生の東洋思想や東洋哲学の講義は、なんとなくわかる気がします。でも、西洋思想や西洋哲学となると、どうにも腑に落ちないところがあるんです。

師　それは、君が日本人で、西洋の思考になじみがないからだろう。西洋哲学の用語は日本語に無理やり直したものだしね。

弟子　でもそれだけじゃないと思うんです。西洋哲学の根本的な思考というか、その本質がつかめないような気がしていて。

師　哲学の入門書はたくさん刊行されているじゃないか。君もよく読んでいるみたいだし、一通りの用語は理解しているんじゃないかな。

弟子　でも、哲学史の本だと、まず最初にプラトンが出てくるんですが、たとえばプラトンのイデア論ってのが、どうもしっくり来ない。なんでこんなことが問題になるのかがわからないんです。アリストテレスがなぜ偉大と言われるのかもわからない。

師　なるほど。たしかに君たちが思想や哲学の本質を理解できていないんじゃないかと、長年教えてきた中で感じたことはあるね。でも、それは教えている先生たちの責任もあるよ。じつは彼らだって、よくわかっていないんだよ。おっと、こう言うと「お前みたいな門外漢に西洋哲学の何がわかるんだ？」と西洋哲学の先生たちに叱られちゃうな。

弟子　でも先生は、一応、広い意味では哲学や思想の専門家でしょう。

師　そうとも。それに、非西洋の哲学や思想を見てきた私には、西洋哲学の特異性がはっきり見えてくる部分もある。

弟子 それをこれから教えてもらえませんか。

師 じゃあ、思い切って西洋哲学に切り込み、私なりの解釈を示してみようか。

弟子 そうこなくっちゃ。

師 でも、君みたいに中途半端に知識がある生徒に教えるのは難しいんだよな。

弟子 大丈夫です。知らないふりをしますから。

師 いや、それがやりにくいんだよ。まあでもいいか。基本からわかりやすく説明してあげよう。まずはギリシア時代の話から始めるとするか。

†クレオパトラの鼻

師 クレオパトラは知ってるよね。

弟子 さすがに知ってますよ。

師 じゃあ、彼女はどこの出身だと思う?

弟子 エジプト人ですか?

師 やっぱり君もそう思うか。じつはギリシア人なんだ。古代エジプト最後の王朝であるプトレマイオス朝は、アレクサンダー大王の部下の将校が、征服後に開いた王朝だ。だからクレオパトラはエジプト人じゃない。その証拠に、いま残っている鋳造硬貨のクレオパトラの肖像は、鷲鼻になっている。

弟子 鷲鼻だと、ギリシア人なんですか?

師 少なくともエジプト人じゃないだろう。もっとも、その古代ギリシア人も、古代エジプト人と同じく、後に全部消えた。オスマントルコの征服にあって、トルコ人と混血してしまったからね。だから、現在のギリシア人とトルコ人は同じ種族。国と宗教が違うだけだ。

弟子 でも、いまのギリシア人とトルコ人って、その割には仲が悪いですよね。

師 そんなことよく知っているね。たしかに、日本人と韓国人くらい仲が悪い(笑)。ところで、アレクサンダー大王の家庭教師だった哲学者は誰だか知ってるよね?

弟子 アリストテレスですね。

師 その通り。アリストテレスを読んでいると、シモンという鼻の形がよく話題にされるのを目にする。古代ギリシア人に多い鼻形だったのか、アリストテレス自身がそうであったのかわからない。シモンとは、左右の鼻翼の間が窪んでいる鼻のこと。いまの米女優のサンドラ・ブロックのようなのは、シモンだろうね。

弟子　日本人でもいますね。真木よう子さん、伊東美咲さんとか。

師　ああいうのは、よくわからないね。深く追究しないことにしよう。でも、アリストテレスは紀元前三〇〇年代の人ながら、なぜシモンが生じるのかを当時なりに一生懸命考えたんだ。もちろんDNAなんてまったく知らない。そこで彼いわく、鼻は素材で、その背後に凹性《おうせい》という形相《けいそう》があり、両者が合わさってシモンになると言った。

弟子　なんですか。その形相って。

師　形相というのは、簡単にいうと物の本質のことだね。素材としての鼻のことを質料という。質料という素材が形相という本質と組み合わさると物ができる――そうアリストテレスは考えたんだ。この形相に当たるものを、アリストテレスの師匠のプラトンはイデアといい、複数ではイデー。アリストテレスではエイドスといい、複数形はエイデーといった。

弟子　なんで複数形なんですか？

師　獅子鼻には獅子性というエイドスがあるとすると、それはシモンのエイドスとは違ってくるよね。DNAを知らないので、背後にあるなんとか性は、無限に増えてしまうんだ。

だから複数形。

弟子　なんだか、すごく科学的な考え方ではあるけど、これじゃあ大変ですね。

師　アリストテレスを読んでいると、まるで宇宙人が地球人のことをなんとか理解しようとしているような感じがしてくる。もっとも、どうしようもないほど昔だから、アリストテレスは当然ウイルスも知らない。だから、病気の向こう側に病気のエイドスがあるという言い方になる。

弟子　じゃあ、アリストテレスなんて、いま読んでも意味がないんじゃないですか？

師　でも、その後の科学の発達は、この目に見えないイデーやエイデーをＤＮＡやウイルスに確定するという作業だったんだよ。アリストテレスは、その先達だったんだ。それは理解しておかなきゃいけない。

†向こう側への哲学が科学を生んだ

師　でもいま、君はいいことを言ったね。アリストテレスはとても科学的なんだ。アリストテレスは、目に見えないものの原因を必死に考えた。我々の目に見えたり五感に感じたりする世界は、この世のこちら側なんだ。それに対して、こちらからは感覚できない、見えない向こう側の世界というものがある。

弟子 それって、あの世ですか？　死後の世界？

師 そうとも言えるし、そうでないとも言える。普通の日本人にとっては、向こう側の世界とは異界、すなわちあの世ということになるね。でも、西洋の伝統的な思考では、この世に属する「向こう側」というものがあると考えるんだ。

弟子 なんだかややこしいですね。この世の中の、見えない世界ですか。

師 そう。その向こう側へと超え出る思考こそが、アリストテレスの思考であり、西洋の近代科学を生んだ思考なんだ。その思考の結果として、アリストテレスの鼻の凹性は、やがてDNAとなり、病気はウイルスの発見へとつながっていく。この先見性がアリストテレスの偉大さなんだね。

このアリストテレス的思考は、西洋哲学の一つの流れとなる。この世には個物しか存在せず、向こう側に超え出るには、実験と観察による科学的方法をとるしかないという考え方は、やがて西洋における自然科学の興隆を生んだ。

弟子 そうすると、その向こう側を考える哲学が、科学を生んだんですね。

師 まさにその通り。アリストテレスの考え方は、近代ではイギリス経験論が継承することになったんだけど、その代表的哲学者バークリの考え方がまた面白い。彼は、我々が思い込んでいる物というのは、物の被膜《ひまく》のようなものに過ぎなくて、向こう側に豊かな物自体の世界と神さまがいらっしゃるんだ、と考えたんだ。

弟子 それはまた極端な考え方ですね。

師 でも、バークリの言いたいことはわかるよね。人間にとって自分の外にある物は、感覚器によって切り取られたイメージの集合である、ということ。目は視覚を、耳は聴覚を、鼻は嗅覚、舌は味覚を、身の肌は触覚をつかさどる。こういった感覚器官を総称する便利な仏教用語があるんだ。「眼耳鼻舌身《げんにびぜっしん》」という。

弟子 え、ゲンニビゼッシン?

師 そう。すぐに気づくだろうけど、ゲンニビゼッシンから得られるイメージにはまったく共通点がない。たとえば、鼻から得られた春の木々のすがすがしい匂いと、眼に入る茶色の幹とでは、似たところは少しもないよね。集合して木のイメージになるだけ。とすれば、感覚器が変われば別のイメージが割り込んでくることになる。人間とは違う感覚器をもってすれば、ぜんぜん違うイメージになるだろうね。

弟子 そういえば聞いたことがあります。モンシロチョウには紫外線が見えているとか。

師　そう。ここに紫外線が見える虫が飛んで来れば、「物自体」は別の姿として虫の心に映じるだろうね。磁場を感覚する鳥が枝にとまれば、巣をかけるのに善い木が背景から浮き上がってくるかもしれない。宇宙人の感覚器なら、もっとぜんぜん違うはずだ。人間とはお互いの認識すらおぼつかないかもしれない。

弟子　また先生の話は相変わらず飛躍しますね。でも、人間にはゲンニビゼッシンしかないんだから。

師　そう。だから人間が心でとらえる物のイメージはあくまで人間独自なものにとどまる。つまり動物ごとに、その切り取ることのできる世界は限られている。そういう世界を、ユクスキュルという人は環世界と言ったんだ。ハイデガーに影響を与えた人だね。

そこでバークリの、我々が感覚する物は、物の被膜に過ぎない、という考え方に繋がるんだ。ほんとうの物自体は、ゲンニビゼッシンのみでは感覚できない。被膜だけで満足しようではないかというのがバークリの主張だね。

弟子　でも、そんなところで満足できませんよね。

師　そうだね。当然、科学者は、そこであきらめない。向こう側へと行ける方法があるはずだと考える。観察と実験によって向こう側に近づこうとするんだ。

2　解説——向こう側をとらえる思考様式

†思考様式の三つのパターン

日本の科学者には国語の能力もおぼつかない人が多いように見える。それに対して、西洋の科学者は、大科学者ほど哲学の素養が深い。量子力学のシュレジンガーなどは哲学科出身であり、逆に、哲学でノーベル文学賞を受賞したベルクソンはその前は数学者だった。哲学と科学は切っても切れない関係にある。なぜならば、ともに見えない向こう側を探求するからである。

日本では現在、残念なことに向こう側を哲学する科学者はごくごくわずかである。向こう側のことを探求すべき人々が、この世のこちら側だけで十分だと思い込んでいるからだ。これはじつにもったいない話である。どうしてこうなるのだろうか。

これは科学者だけにとどまる問題ではない。日本人、ひいては非西洋人の思考様式の問

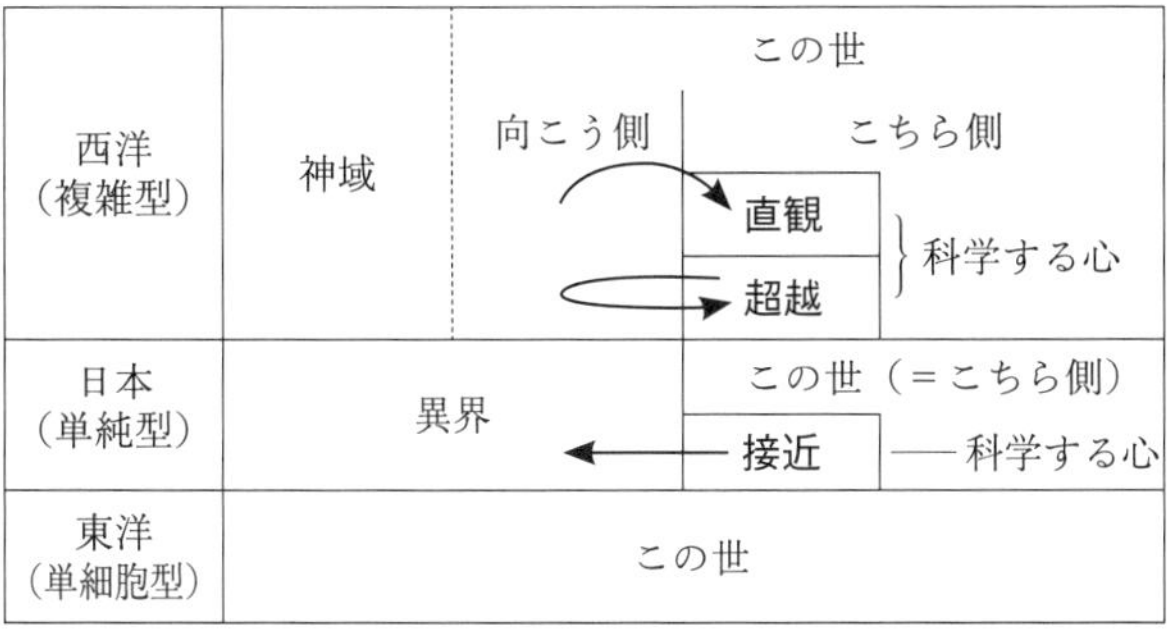

題なのである。

私見では、西洋人と日本人、東洋人の思考様式は表のように類型化される。

表をよく見るとおわかりのように、西洋人にとって、向こう側とは「この世」に属するのである。この世にありながら見えない世界、我々の五感でとらえることのできない世界が、向こう側なのである。それを直観や、超越によってとらえるのが西洋の思考様式であり、それを「複雑型」と呼んでおこう。

ところが、日本人の思考様式では、この世の反対側は、全部異界になってしまう。このような「単純型」のため、ギリギリの境界まで接近することしかできない。したがって、その科学する心は向こう側の探求ではなく、こちら側からの地道で誠実な職人的接近が主ということになる。

ちなみに、東洋、とくに日本以外の東アジアでは、儒教的な世界観が支配している。彼らの世界は、あの世を想定しない「この世一元論」である。単純型よりもさらにシンプルな、単細胞型と呼んでおこう。彼らの特異な歴史観も、このような思考様式から出てくるものであることは後述したい。

†職人芸による向こう側への接近

では、日本人は向こう側をとらえることができないのだろうか。

二〇一二年、熊本大学で、マグネシウムの二倍の強度をもつ合金を得るために、向こう側ににじり寄った大学の先生がいた。河村能人《よしひと》教授である。二年半、毎日、マグネシウムに少しずつ微量の他金属を加えて強度を測り、四五〇種類もの試作品をつくり、ついにその合金を探しあてたのだった。

同年、ノーベル生理学・医学賞をとった山中伸弥教授も同様である。マウスの或る細胞に四つの因子を導入することでiPS細胞ができるということを発見するのだが、これも細胞の向こう側がゆるしてくれる範囲の因子を探るため、実験で物自体ににじり寄るという手法をとった。ただし、四つの因子を確定するのに、二四個の因子から一つ一つ抜き取ることにより実験の速度を速めたのは、まさに直観であった。

これらはもちろん素晴らしい発見なのだが、私としては日本の科学者が、向こう側の認知を持たないまま、まぁよくもここまで科学する心を育てたものだと、感心する気持ちで胸がいっぱいになる以外にない。

日本の科学者が国語ができないというのは、哲学ができないどころの話ではない。盲人が暗闇を手探りのまま、異界に落ちないように恐る恐る進むようなものだろう。異界には迷信やオカルトの世界が待っていると思うものだから、超越するという勇気がなかなかわかない。科学者のプライドにかけてこちら側だけで職人芸を発揮しようとする。

超越とは、向こう側に超え出ることにより、こちら側に有用性のある法則や理論をもたらすことである。向こう側でどうなっているのかは絶対に証明できない。しかしこちら側を便利にしてくれるものだ、ということができるだろう。たとえば、第二章で述べるように、−1×−1がなぜ+1になるのかは証明できない。経験の中にはないから、「二点をとおる直線は一本である」というような公理でもない。つまり経験を超え出て無理なことをして、その結果としてこちら側の世界にとって便利で有益な結果がもたらされる。それが超越なのである。

化学で使われる五角形や六角形のケクレ構造式も同様である。この世にある分子があんな亀の子の形をしていたならば大変だ。あれらは現実のものではないけれど、化学を考える時にはきわめて便利に用いることができる。ゆえに、ケクレ構造式は超越の産物なのである。

DNAのらせん構造も、あのような美しいモデルでこの世に存在しているわけではない。現物はもっとグチャグチャしている。シュレジンガーの量子力学で原子の周りに電子が確率的に現れるというのも、特殊な顕微鏡で見れば電子の雲が見えるだけである。しかし、写真を撮ろうとすれば光を当てなければならない。光を当てれば、電子が出て向こう側の電子と衝突してしまうので正確な写真は撮れない。つまり、科学の規則や理論は向こう側に似ているだけであり、こちら側の認識を便利にしてくれるものなのである。

†すべてのものの向こう側を考える

つまり私が言う「向こう側」というのは、人間が人間の感覚器では切り取ることのできない、物の別の側面たちの集合のことである。四次元のような他空間の拡がりを想定しているわけではない。物理的世界の実在ではない。そこには、「われわれ人間にとっての」という、但し書きがついている。

ましてやキリスト教徒のいう、あの世（「見えない世界」、「死後の世界」、another world）のことではない。あの世など、あるかないかもわからないし、逝ってもそんなに良いところではなさそうだ。

ヴァーチャル世界の「あちら側」でもない。現実のこの世の話だ。この世の「向こう側」（other side）のことである。この世でも、われわれには感覚できないものが無数にあるのだというところから、この「向こう側」の哲学が始まる。

馬とかパンダなんかが、藁や笹をうまそうに食べるからには、藁や笹には別の味覚の「向こう側」があるのだろう。我々には味わえない向こう側の味である。我々のリンゴは、本当はローストビーフの味なのかもしれない。これはバートランド・ラッセルが言っている。

火山のマグマには誰にも近づけない。ボーリングすれば噴き上げてきて観察者が死んでしまうから、地中の「向こう側」である。ただしマグマが活性化すれば山自体が膨れて傾斜が変わるから、その傾斜の変化を測ることで「向こう側」に悟性《ごせい》（understanding）で近づくことができる。

数学者のこちら側には際限がないかに見える。しかし、一九三一年に数学者ゲーデルが不完全性定理で証明してしまった、向こう側の崖がある。その数学のシステムが真であるにもかかわらず、決定不可能な命題をシステム自体が含んでいるため、すべての真理を証明するシステムは不可能だというのである。

社会系はもっと不確定である。人が生産部門でも流通部門でもサービス部門でも、労働というものをするとなぜ富がたまるのか。法律は人に権利を与え、義務を課すが、その根拠はいったいどこにあるのか。人はなぜ、人の支配に服することがあるのか、などなど。

人文系の歴史学は線的《リニア》な時間に沿って記述されるが、史料や遺物・遺跡以外はすでに滅びた非実在である。飛び去ってしまった非実在から、歴史を語るという正当性はいずこに存するのだろうか。すでに滅びたものの姿を再構成することは本当に可能なのか。第一、時間はどこからくるのか。それは流れるのだろうか、溢れ拡がるのだろうか。一切わからない。これらもすべて人間が感覚できない「向こう側」の話である。

†本書使用上の注意

「向こう側の哲学」を極めた近代の西欧人が、その科学力によって世界を支配した。つまり、近現代の世界をつくりあげたのである。ではその根底にあった向こう側の哲学とは、いかなるものだったのだろうか。本書では、通常語られることの多い、表通りの哲学史解釈を追うのではなく、その裏面にある思考様式を、わかりやすく説き明かしていきたい。

ただ、私の独自の論理が多く含まれることになる。そのため、用語を確定しておかないと、これからの話がすべて私の恣《ほしいまま》意のように見えてしまうかもしれない。思想や哲学は劇薬である。サプリメントの注意書きのような「あくまで個人の感想です」というわけにいかない。そこで、まず用語について、使用上の注意として、次のように説明しておくことにする。残念ながら定義ではなく、ゆるい説明である。

まず、「精神」という言葉は本書では用いない。この語の起源は、シナ思想の「気」に由来する。体内の経絡《けいらく》を流れる、気のエクサレントなものを精液も含めて「精」と呼んだ。その精のさらなる上澄みのようなものを「神《シン》」といい、両者合わせて精神という。この言葉はドイツ語のGeist《ガイスト》の訳語として採用され、ドイツ観念論、とりわけヘーゲル思想のわが国への輸入で大活躍したが、それゆえに二十世紀や近代の語感をどうしても拭い去ることができない。哲学者たちの言説の引用文ではこの語彙をそのまま使用するが、私の文の中では使わないことにしたい。

次に、「知性」(intellectuality)である。「知ることから得られる人間の品性」としておく。

語彙自体が、世間の善き評価という価値判断に立っているらしい。全員がもっていれば評価の対象にはならないだろうから、これを持っている人と持っていない人がいることになる。

知性には分析能力とか、総合的判断は含まれない。これらは「悟性」(understanding)の仕事になる。悟性は「考えることと納得することの人間の本性」と解釈する。これは無意識のうちにすべての人に備わっている。そうでなければ、曲がった杭と水で光が屈折して曲がって見える杭との区別が、死ぬまでつくことはないだろう。

次は「理性」(reason)である。これはある人とない人がいる。学習によるものでないことは、学んでいない人にあり、学んだ人になかったりすることからわかる。「向こう側から架橋されたこちら側の人間の能力」と、解しておく。

すべての人に理性があるというのは一つの信頼にすぎない。私にはすべての人にあるのではないように見える。そうでなければ、世界史と現代における人類の多くの愚行の説明がつかない。世界の解釈に役に立たない、現実妥当性を欠いたセオリーは変更、あるいは破棄したほうが良いというのが、私の基本的な考え方である。

意外に思われるかもしれないが、学者にも知性や理性の欠けた人がいる。勉強と研究で悟性だけを集中的に鍛えるからだろう。悟性を働かせると、概念から事物・事象に進むので概念に頼りすぎるようになる。ところが、こちら側の概念には普遍性がないので、時代が変化して概念が現実妥当性を失うと、そのような学者の権威は容易に失墜する。チェーホフの『退屈な話』（一八八九年）には、晩年にこの事実に気づいた老教授の悲しむべき述懐が象徴的に描かれている。

最後に、「神を認識したいという人間の心の働き」という意味で、グノーシス（gnosis）[1]という言葉を導入することにする。グノーシスとは、「覚知」を意味するギリシア語である。

以上を踏まえて、本論に進みたい。哲学は誰にでもできるし、知性を育むのに役立つはずだ。そのための実践に入りたいと思う。

Ⅰ　向こう側をめぐる西洋哲学史

第一章

この世の「向こう側」など本当にあるのか――バークリ

1　問答②――向こう側と因果律

†西洋哲学は向こう側なしでは成り立たない

師　東日本大震災のときは、つくばはかなり揺れたねえ。

弟子　先生はどうしてらしたんですか？

師　家にいたのだが、目に見えない魔物が通り過ぎたようだったよ。この世のものでないような地鳴りもしたね。君はどうだったの？

弟子　自転車に乗っていたんですが、すぐに下りて、前の家の瓦が落ちてくるのを見てました。

師　夢の中みたいではなかったかい？　ピュアな時間と空間が壊れたような……。

弟子　ピュアって、どういう意味ですか？

師　我々が普段見ている世界には、秩序があるよね。時間と空間がはっきり分かれていて、ピュアなんだ。ところが夢の中では、時間と空間に覚醒時のような秩序がない。たとえば、エレベーターに乗って屋上まで行くとそこが海岸だったり。あるいは、朝、女房に送り出されて出勤すると、途中でなぜか結婚式場に入って、そこで、また女房と結婚したりする。

弟子　奥さんと何度も結婚って、先生は意外とロマンチックですね。

師　うん、ロマンチストだよ。

弟子　でも、夢の中では夢なりの秩序があるんじゃないですか？

師　面白いことにね、我々は夢の中では秩序がないと思っていないんだよね。ヘンだとも思わない。ヘンだと思った瞬間、目が覚めてしまう。ベルクソン（一八五九—一九四一年）は、夢はあらゆる点で、狂気に似ているとまで言っている。

弟子　でも、夢と現実にそんなに違いがない場合もありますよね。

師　違わないと言った哲学者が二人いるよ。一人はショーペンハウアー（一七八八—一八六〇）、もう一人はマッハ（一八三八―一九一六）、音速の単位に名前を残す科学者でもあったマッハだね。ショーペンハウアーは、夢と現実の違いは覚醒の経験だけだといい、マッハは実用性だけだと言っている。

弟子　でも、普通に考えると、夢と現実との違いって、実際に起きたことと頭の中のことの違いというふうに考えませんか。

師　実際に起きたことも、君の頭の中で感覚したことではないのかい？

弟子　でも実際に起きたことならば、大勢の人が見ているんじゃないですか？

師　その大勢の人も、君が視覚を通じて頭の中で感覚しただけだろう。

弟子　じゃあ、私は自分の感覚を超え出ることはできないんですか？

師　できないんだよ。いま君が見ているものは、全部君の視覚を通じて見ているだけであって、実際にどのようなものかはわからない。

弟子　目で見ているものと、実際のものが違う可能性があるってことですか。だったら、目が見えない人の場合はどうなんですか？

師　面白いことを言うね。それをモリニュー問題というんだ。先天的に目が見えなくて、球体と立方体を触覚で区別していた人が、突然目が見えるようになった場合、手を触れずに球体と立方体を見分けることができるかどうか。現在の科学的実験では、見分けられないことが確かめられている。ということは、つまり我々が感覚するのは、物質の実体ではなく、視覚や触覚から得られた物質の一面に過ぎないということだよ。

弟子　我々の感覚器ではとらえられないものがあるということですね。

師　そうらしいね。それをイギリスのバークリ（一六八五―一七五三）は物質的実体《マテリアル・サブスタンス》と呼び、同じくイギリスのヒューム（一七一一―一七七六）は外的対象《エクスターナル・オブジェクト》と呼び、ドイツ人のカント（一七二四―一八〇四）は物自体《ディング・アン・ジヒ》と呼んでいる。

弟子　でも、そうなると物自体は本当にあるということは証明できるんですか？　ないかもしれないですよね。

師　証明できないよ。ないと言いたければ、ないと言ってもいい。バークリは背後にあっても永遠にわからないものは問うても無駄だ、ないも同じだ、見ているものが実体だと言った。

弟子　なかなか凡人には思い浮かばない発想ですね。

師　だから普通の人々は、あそこにある松の樹はバークリが見ているときだけ存在するのかと言って大いにからかった。バークリはそれに対して、松の樹があることを私はかつて

見て知っている。その経験が私に松の樹の存在を示唆《サジェスチヨン》するのだ、と言ってのけた。(2)

弟子　でも、なんとなくわかる気がします。たとえば幽霊は、認識できる人とそうでない人がいますよね？

師　幽霊が物質的実体の世界、つまり向こう側にいるとすれば、普通は感覚できない。あの世にならば、いるかもしれないけど、もちろん感覚できないね。

弟子　さっきもお話に出ましたが、向こう側とあの世はどう違うんですか？

師　向こう側《アザー・サイド》は、こちら側にあって、見えなかったり匂わなかったりする部分の集合。あの世《アナザー・ワールド》は、こちら側（この世）にはない世界のことだ。プロローグの解説の表を参照してほしい。向こう側は我々の感覚器ではとらえられない世界であって、あの世は我々の感覚器とは関係ない世界のことだ。幽霊を認識できる人とは、感覚器以外であの世を認識しているということになる。

弟子　幽霊がいるという人は、本当はあの世ではなくて、先生のおっしゃる向こう側のエネルギーを感じ取っているのかもしれませんね。

師　それはありうるね。でも幽霊などを持ち出さなくても、向こう側はもっと身近に存在しているんだ。今度の福島の原発事故で明らかになったように、たとえば放射性ヨウ素みたいなこちら側からは見えない物質が向こう側から漏れ出ているからね。

弟子 たしかに放射能は見えないし、匂いもしない。感覚できませんね。

師 そうだね。でも、そういう向こう側の物質を発見したのは西洋の科学だったし、その思考の基盤になったのは西洋の哲学だった。向こう側を考え続けたのが西洋哲学だったし、逆に言うと向こう側の認知がなければ哲学はありえなかった。

日本では哲学というとドイツ観念論が主流だと思い込まれているけど、向こう側を視野に入れた近代の哲学を始めたのはじつはドイツなんかじゃない、イギリスなんだ。近代の哲学も産業革命が最初に起こり、資本主義が一番発達したイギリスこそが本場だった。さっき言った通りバークリもヒュームもイギリス人だよ。ドイツはね、遅れていたんだ。

†ヒュームの攻撃をかわせなかったカント

弟子 じゃあ、もう一人のイギリス人の哲学者、ヒュームはなんと言ったんですか？

師 「精神には知覚以外のいかなる存在者もけっして現前しないので、われわれは、たがいに異なる知覚の間に、随伴、または原因と結果の関係を、観察することができるが、知覚と対象との間には、この関係をけっして観察することができない。それゆえ、われわれは、知覚の存在または一つの性質から、対象の存在に関して何らかの推論を行なうこと、あるいは、この点（対象の存在）においてわれわれの理性を満足させることは、不可能なのである[3]」

弟子 難しいですね。どういう意味ですか？

師 人間には、知覚できない向こう側は決して現前しないから、我々はこちら側の知覚で得た現象たちの間の関係を観察することはできるが、それらと向こう側との関係は決して観察することはできない。だから、知覚で得たものと向こう側の対象の存在との関係を論理づけることはできない。つまり、理性の働きで因果律を推理することは原理的に不可能である、と言ってるんだ。

弟子 じゃあ、向こう側のことは考えるだけムダってことですか。

師 そうなんだ。じつはとても日本的な発想でもあるね。でも根本的に違うのは、西洋では向こう側のほうが上位者だということなんだ。イデア論って知ってるよね。

弟子 プラトンの説ですね。何を意味するか、いまひとつピンと来ないんですが。

師 彼は向こう側をイデアといって、こちら側にあるものは全部その不完全な似姿だと言ったんだ。西洋にはそういう伝統がある。だから、ヒュームの言うように向こう側に至れないということになれば、それは真理に到達できないということを意味したんだ。

弟子　哲学者が真理に到達できないのでは、困ってしまいますね。

師　それに、向こう側が原因でこちら側がその結果と考えるものだから、因果律も成り立たなくなる。可能なのは、こちら側の諸現象の相互関係だけだ、ということになるわけだ。これを英人ヒュームの挑戦だと、ドイツ人たちは受け取った。

弟子　ドイツ人はどうしたんですか？

師　ドイツ人の哲学者はみなこの考えと戦った。時代順に見ると、カント、シェリング、シュライエルマッハー、ヘーゲル、フッサール、ハイデガーそして最後にフランス人のデリダも。みんな、切り離された向こう側をどう扱ったらよいかを悩みつづけた。

弟子　じゃあ、まずカントは何をしたのですか？

師　こちら側だけで因果律は可能だ、とヒュームに抵抗したんだ。

弟子　なるほど。

師　「太陽が石を照らすと、石は暖かくなる。この判断は、……たんなる知覚判断であり、何ら必然性を含まない。……しかし、もし私が、太陽が石を暖めると言えば、知覚のうえに、さらに、原因という悟性概念が加わり、この概念が、日光という概念と熱という概念とを必然的に結合する。それで、この綜合的判断は、必然的普遍妥当的となり、したがって、客観的となり、知覚から経験に変えられるのである[4]」

弟子　というと？

師　太陽が石を照らすというのと、石が暖かくなるというのは、こちら側の現象であり、二つの出来事が連鎖しただけだ、というのがヒュームの考え方。カントは、太陽が石を暖めると私が言えば、そこに私の頭の中のカテゴリーが加わって、日光と熱が概念として連結され、因果律となると考えるのだ。

弟子　そのカントのカテゴリーってなんなんですか？

師　人間が頭の中に生まれつき持っている枠組みみたいなものだね。カントの弟子たちは、カントのコペルニクス的転回といって誉めそやしたのだが、じつはなんということもない。自分の直観だとカントは正直に言っている。

弟子　どう言っているんですか？

師　「カテゴリーはそれ自身だけではいかなる認識でも全然なく、与えられた直観から認識をつくりだすための、たんなる思想形式にすぎないということである[5]」

弟子　なんだ、自分でそう思っただけじゃないですか。

師　そうなんだよ。同書にカテゴリー表というのが載っているんだけど、そこに「関係、原因性と依存性（原因と結果）[6]」と書かれている。理性では解釈できなかった。つまり彼の悟性、英語でいうとアンダースタンディングにすぎない。

弟子　向こう側との関係はどうなったんですか？

師　こちら側の認識と向こう側の対象が合致しなければ、真理は不可能だと言っている。「それゆえ、真理の十分な、しかも同時に普遍的な標識を指示するのは不可能であるということである[7]」ってね。

弟子　なんだ、バカみたいに正直ですね。ドイツ人負けているじゃないですか。

師　そう。本当は正直に、こちら側のみんなの悟性《アンダースタンディング》が共通認識の基礎になると言えばいいんだよ。でも、ドイツは遅れていた。近代国家の形成はカントの次の時代になる。当時は中世末期の市民社会だけあって人々はまだバラバラ。だからカントは頭の中で自分の直観でカテゴリーを作った。それは悟性の仕事であって理性ではないという意味で、『純粋理性批判』という批判書を書いたんだ。

2 解説――イギリス哲学の快走

†こちら側のマーカーを探る

向こう側は不可侵領域であり、こちら側だけでは普遍性は完結しない。バークリにとって数理的秩序や物理的実態、化学的常態は一個の偶発事であり、ヒュームにとっては習慣として繰り返されるものにすぎない。

つまり、リンゴは明日から急にローストビーフの味になり、それが長い間続くかもしれないということだ。冗談ではなく、あり得べきことである。むかし、キムチは日本人にとって臭くて嫌な味であり、韓国人にもらえばこっそり捨てていた。それが、一九八〇年代からうまいものになり、韓国人からのキムチの土産を喜ぶようになった。

イギリス哲学とドイツ哲学の違いは、向こう側の認知の違いに端的に現れる。イギリス哲学は、向こう側はこちら側にけっこう似ていると思っている。これに対してドイツ哲学では、大いに違うと考える。だからイギリス人たちは向こう側が不可侵領域だとしても、それほど心配しなかった。こちら側には、神のマーカーが付けられている。心的聴診によってそれを探り当て、共通認識ができるような概念に磨き上げればよいと思ったのである。

たとえば、ダーウィンの進化論は、「突然変異」と「適者生存」によって進化が継続されるとする。遺伝子が突然に変異して新種が生まれ、それがそのときの環境に適応すれば生き残り、進化は成功する。だがこれは向こう側から見れば、「突然」と「僥倖《ぎようこう》」なのだから単なる偶然だろう。

偶然を概念にしてよいのか。イギリス人ならばよいと答えるに違いない。こちら側だけでは普遍は完結しない。普遍は向こうとこちら側にまたがっているのだ。ならば、こちら側だけの必然はあきらめなければならない。ただ、向こう側はこちら側に似ているのだから、向こう側の刻印はこちら側でも有効である。それがどのように、どこに付けられているかを、誰でもが納得する形で提示するほうがずっと有用である。

†こちら側の普遍をあきらめる唯名論

このように始めからこちら側の普遍をあきらめる習慣は、オッカム村出身の僧侶ウィリアム（一二八五―一三四七）の「唯名論」提唱以来、イギリス的思惟の伝統になったと言える。バークリより百年早いホッブズ（一五八八―一六七九）でも、この習慣が次のように明瞭に表れている。

多くの事物に対する「一つの名辞」が普遍的であるように思われる原因は、人々が「事物」はそれ自体が普遍的であると考えるということによっている。そして、人々は、ピーターやジョン……の他に、なお我々が「人間」と呼ぶ……普遍的な意味での「人間」が存在すると真剣に主張する。……ある人が画家に、文字通りの「人間」を描いてくれと注文したとしても、何も注文したことにはならず、画家は彼が好む……「普遍的」ではない実在の人間を描くだけであろう。しかし……「国王」を描いてくれ、もしくは誰か特殊な人を描いてくれと注文したならば、画家の行為を限定したことになる。したがって「名辞」以外には「普遍的なものはない」ということは自明の理である。(8)

「人間」という普遍は手に入らない。われわれに接近できるのは、実在のピーターやジョンなのであり、ピーターやジョンから共通の何かを抽象できると言い張っても、二人を眺めているうちに、それは「人間」という言葉にすぎないということがわかってしまう。これが唯名論である。名前（名辞）だけがあるからだ。

バークリはこれを音や匂いにまで広げ、ゲンニビゼッシンから得られるイメージにはまったく共通点がない、という。鼻から得られた春の木々のすがすがしい匂いと、眼に入る茶色の幹とに似たところは少しもない。音や匂いから共通な何かを抽象できない。「木」という名詞があるだけだ。だから、我々には物の実体を得ることはできない。物の拡がりとか、固さとか、形とか、あるいは色とか味とか熱さ冷たさとか言ってもムダである。バークリは、そういってジョン・ロック（一六三二―一七〇四）の経験論の第一次的性質、第二次的性質(9)を豪快に蹴とばしたのであった。

†イギリス哲学のマーカー総ざらい

では、こちら側の普遍をあきらめたイギリス哲学者に何ができるか。彼らはこちら側の経験事象から向こう側の似かよったマーカー（刻印）を見つけて網羅し、それらを類型化することから始めるのである。

ジェレミー・ベンサム（一七四八―一八三二）は、「最大多数の最大至福」を求めるべき

快楽のリスト

①感覚の快楽	眼耳鼻舌身の感官の快楽、快適、満腹、酩酊、性欲、健康、遊興、好奇心、新鮮・新奇・新しさの快楽。「新しさの苦痛」はない。
②富の快楽	金銭や物の獲得と保持、享楽や安全の占有、豊富、肥沃。「富と獲得の苦痛」はない。
③熟練（器用）の快楽	上達、獲得、完遂、困難の克服。
④親睦（友情）の快楽	好意を受けて無償の奉仕を期待できる確信。
⑤名声の快楽	評判、名誉、世間や関係者の好意の獲得と保持の確信。
⑥権力の快楽	自分の善への期待で人々を自分に奉仕させることができるという期待、自分の悪への恐怖で人々を自分に奉仕させることができるという期待。「権力の苦痛」はない。その単なる欠如は悪ではないからである。
⑦敬虔（信心）の快楽	神の恩寵の獲得と保持の確信。
⑧慈愛（好意）の快楽	親愛の情、愛する人の幸福を考えることによって味わう快楽、好む人や動物による安泰の気配、愛の快楽。「愛の苦痛」はあるか？ 或る者はその喪失で悩むかもしれない。
⑨悪意の快楽	憎悪、怒り、反感、反社会的感情、嫌いな者が苦痛を受けると嬉しい快楽。
⑩記憶の快楽	快楽の時に遡りながら味わう快楽（対象である思い出とともに変化する）。
⑪想像の快楽	心地よい諸事象の空想、芸術や科学の新しい観念や発見。
⑫期待の快楽	将来の希望という快楽。
⑬連想の快楽	賭けで負けた時でも勝った時の喜びとの連想で引き出すことのできる快楽。
⑭解放の快楽	苦痛の軽減や中止。

苦痛のリスト

①欠乏（喪失）の苦痛	満たされぬ欲望の苦痛（不満）、裏切られた期待の苦痛（失望）、善の享受の期待外れ（後悔）、魂の衰弱（倦怠）。
②感覚の苦痛	飢え、渇き、心身の疲労、束縛、病、音や映像の不快、味覚・嗅覚・触覚の不快、寒さ・暑さの行き過ぎ。
③不器用の苦痛	器具利用のむなしい試み、困難な努力。
④敵意の苦痛	侮辱、攻撃、ある人の悪意を受けているという確信。
⑤悪名（悪評）の苦痛	周囲に嫌われている確信、世間の悪意を受けているという確信、侮蔑感、不名誉、道徳的制裁の予感。
⑥敬虔（信心）の苦痛	神の不興、来世の苦痛の確信、各種の迷信的恐怖。
⑦慈愛（好意）の苦痛	人や動物が受ける苦痛を思う同情や憐憫、同感の苦痛。
⑧悪意の苦痛	反感、嫌いな人がうまくやっているという苦痛、反感、反社会的感情の苦痛。
⑨記憶の苦痛	苦痛の時に遡りながら味わう苦痛。
⑩想像の苦痛	気分のわるい諸事象の空想、試みの失敗の予感。
⑪期待（恐怖）の苦痛	心配、将来の失敗をおもう苦痛。
⑫連想の苦痛	文字通りの意味であり、これは「立法論」の方にはない。

ベンサムによる「快楽と苦痛のリスト」

※ジェレミー・ベンサム『道徳および立法の諸原理序説』1789年刊（関嘉彦編『世界の名著38　ベンサム、J.S. ミル』1967年、中央公論社）、同 J. ベンタム『民事および刑事立法論』1802年刊（長谷川正安訳、1998年、勁草書房）、以上2冊のリストの内容を組み合わせ補充した。まるカッコ内は後者の用語。

だ、それには社会構成員の幸福の量を増やせと主張した。人々の快楽を増やせと言っているのではない。幸福を増やせと言っているのである。あらゆる動機は善なる快楽を求めるが、結果として悪になることがあり、直接的に幸福にはつながるとは限らない。それらを踏まえて、ベンサムは快楽と苦痛のリストを掲げる。

読者は自分の経験を想起して、このリストに当てはめてみると良いだろう。非常によくできていて、なんでもすっぽり嵌ってしまうことがわかる。しいて言えば、苦痛のリストに、「勉強の苦痛」が欠けていることくらいだろうか。経験的に勉強は体にとても悪いことだけは確かである。目はくらみ、首は固まり、腰は急に宙に浮いて激痛が走る。旧約聖書、伝道之書第十二章十二にも、「わが子よ　是等《これら》より訓誡《いましめ》をうけよ多く書をつくれば竟《はてし》なし　多く学べば体疲《つか》る」とある。だが、「感覚の苦痛」とみれば、これもベンサムのリストに入ってしまうことになる。

「男にやさしくしてもらう快楽」は、と女性に問うと、「快楽のリストの⑤かな」と答えが返ってきた。「女にもてる快楽」は、と男性に問うと、「快楽のリストの①か⑤?」と迷う。だがそもそも⑧が前提でないことには、もてたりはしないものである。

つまり、現実妥当性の有無を人に疑わせないほど、こちら側に付けられた向こう側からのマーカーを総ざらいするのである。そうすれば、向こう側が不可侵領域であろうとも、こちら側に人々の納得しうる共通認識が形成される。そして、これを概念として、悟性で先へと進む。向こう側の周りを観念論でぐるぐる回るよりは、こちらのほうがよほど有用性があるというわけである。

グーグルの創業者、セルゲイ・ブリンとラリー・ペイジの「膨大なデータの集合から関連した情報を検索するシステムをつくる」という、検索エンジンの発想も、ベンサムのしたこととほぼ同様であった。

第二章

「こちら側」に引きこもる――フッサール

1　問答③――直観、超越、思い込み

†向こう側を失い右往左往するドイツ知識人

弟子　この後のイギリスの知識人たちはどうなるんですか？

師　どうにもならないよ。共通認識があるから、ピュアーな哲学はここ止まりで、あとは関心が社会・経済へと向かう。ジェレミー・ベンサムとか、ハーバード・スペンサー（一八二〇―一九〇三）など。もともとイギリス人にとって向こう側の優位などどうでもよいのだ。ローマ教皇をほうっておいて、自分たちで国教会をつくってしまうようなノリだね。

弟子　じゃあ、その後ドイツの知識人たちのほうはどうなるんですか？

師　混乱の極みだ。カントが向こう側を至れないものとして切り離してしまったために、こちら側を支えてくれる向こう側の上位者を失ってしまうのだ。

弟子　上位者ってなんですか？

師　ありていに言えば神さまだね。だから前にも言ったように向こう側のほうが上で、それがこちら側の根拠なんだ。

弟子　日本じゃそんなことぜんぜん考えませんよね。

師　そうそう。向こう側を語る言葉尻だけとらえて、言葉の規則の問題だと言う哲学教授までいる。だが、ドイツ人やフランス人は向こう側を無視することに躍起になるのだ。近代では、こちら側の自律がどうしてもほしい。でもそうすると、道徳まで危うくなってくる。向こう側、つまり神さまが道徳の根拠だからなんだ。道徳も法も、神さまが与えて下さったという前提がある。

弟子　神さまと切り離されると、どうしていいかわからなくなっちゃうんですか？

師　そうだね。宗教的な敬虔さに翳りがさして、自分の道徳に自信がなくなってしまう人たちがたくさん出てきてしまった。だから、カントの哲学や啓蒙思想が広まれば広まるほど、社会不安が起こってくるし、善なる世界への信頼を失った若者たちがさまようことになった。たとえば当時若かった、エルンスト・テオドール・アマデウス・ホフマン（一七七六―一八二二）とか、ハインリヒ・フォン・クライスト（一七七七―一八一一）なんかがそうだ。

弟子　どんな人たちですか？

師　いまで言うと、幻想文学作家かな。クライストなどは大学時代にカントの『純粋理性批判』を読んで、物自体の認識不可能性、つまり向こう側には行けないことを悟って絶望するんだ。こちら側の世界では真理に至れないのだからすべての知の試みは徒労だと意気阻喪し、反主知主義に陥る。[10] そして書くものが暗黒趣味になるんだよね。同時代のヘーゲル（一七七〇―一八三一）が美学の本の中で彼らのことを苦々しく語っている……。

弟子　カントは責任を感じて、何か処置しなかったんですか？

師　さすがにこれではまずいと思ったらしく、向こう側抜きで、こちら側だけの道徳律を確立しようとした。それが定言命法というやつだよ。「汝の意志の格率が、つねに同時に普遍的立法の原理と見なされうるように行為せよ[11]」と言っている。

弟子　どういうことですか？

師　君の行為の格率（行為を規定する主観的原理）が君の意志によって、あたかも普遍的自然法則となるかのように行為せよという意味なんだけれど、根拠がないんだよね。

弟子　なんで根拠がないんですか？

師　だって神さまじゃなくて、カントが自分で勝手に決めただけだからさ。自分でもそう言っている。「それで道徳的法則の客観的実在性は、……如何なる経験によっても確証されず、かくしてア・ポステリオリに証明されることもない。しかし……それ自身だけで……確立しているのである[12]」。とどのつまり、誰にも証明できない。カントが思い込んでいるだけの道徳律だと、自白してしまっている。

弟子　それじゃ嘘じゃないですか。誰かその嘘を見破らなかったんですか？

師　ホフマンやクライストの同時代人、ヘーゲルが見破るね。つまり向こう側を切り捨てたカントにとって、定言命法のような実践理性はこちら側の自分の主観的な要請にならざるをえない。だから、分析的思考と道徳は対立したまま残されてしまう、と語っている[13]。

弟子　分析的思考と道徳の対立ってなんなんですか？

師　科学する心と道徳的な心との対立だね。カントは前者を純粋理性（『判断力批判』〈一七九〇年〉でじつは悟性だと述べる）と言い、後者を実践理性と呼んでいるんだ。

弟子　対立すると、何か問題があるんですか？

師　両方とも無根拠なのでバラバラになっちゃうんだ。科学する心に道徳的な心が宿らなければ、生体実験などしても罪を問えないことになる。

弟子　なるほど。じゃあその反対に、科学する心を否定して道徳をとる人もいそうですよね。

師　鋭いね。そういう人もいたよ。同時代人でシュライエルマッハー（一七六八―一八三四）という人がそうだ。シュライエルマッハーは、カントの哲学が広まったことで人々が宗教心を失ったとひどく怒っている。そこでシュライエルマッハーは、感情で向こう側を直観せよ、と言うのだ。

弟子　感情で直観？　どういうことですか？

師　「宗教を妨げるもの、それは理知的人間と実際的人間である。彼らこそが、世界の現状においては、宗教に敵対する反対者である。彼らの比重がたいそう重いということが、宗教がこんなに貧しい、つまらぬ役割を演じている原因なのだ。彼らは人間を、まだか弱い子供のころから虐待し、より高いものを目ざそうとする努力を抑えつけてしまう(14)」

弟子　昔に戻れということですか？

師　違うんだね。シュライエルマッハーの宗教論は独特で、まず神とは言わず、宇宙とか世界精神と言う。イエスのことを、キリストとは言わず、英雄とか仲保者《ちゅうほしゃ》と言う。そして感情で宇宙を直観せよと言うのだ。だから、こちら側で向こう側からのパワーをもらえということになる。あの世については一切語らない。

弟子　何かヘンですね。

師　たしかにヘンだね。でも、あの世を語らないから彼も本当は宗教家ではなく哲学者なのだろう。この世の向こう側、すなわち向こう側の一つである宇宙が彼にとっての神域なんだろうね。そこを感じろと言うのだから、彼の哲学は悲壮だ。

†直観志向と超越志向、そして思い込み

弟子　ドイツ人って突き詰めてばかりいて、現実で損する人たちですね。

師　そう。我々がそんな悲壮を繰り返すことはなかったんだよ。日本人がまねする必要はまったくなかった。日本人には向こう側の認知はなかったのだ。認知がないのに一番向こう側に拘泥するドイツの哲学を選んだ。だからわかるはずがない。それでわからないことが偉いことのような幻想がはびこってしまった。

弟子　なぜドイツのまねをしたんですか。

師　日本人には、先進のものに対する恐怖がある。少し遅れたものを好むのだね。

弟子　それは嫉妬ですか？

師　そうだね。平準化の世間が同時に先進者を嫉妬するのだ。天才は大嫌いで、知識人たちは秀才の中枢に皆がなろうとする。

弟子　先生はたしかヘーゲルがお嫌いでしたね。

師　そう、ヘーゲルはモーツァルトを憎んだサリエリのように、カントを憎んだ。カントを追い落としたつもりになり、秀才の中枢として近代を支配しようとした。さっきから言っているようにカントの衝撃を受けて、この時代のドイツの知識人たちは皆がさまよっているのだ。もう昔には戻れない。そこでヘーゲルは、向こう側はこちら側に内在しているのだと言ってしまう。「神の栄光は被造物や自然物よりも精神の産物のうちにある、という考えを確立しなければならない。……神とは霊であって、神の霊はあらゆる場に行きわたるが、積極的にみずからをうみだす意識的な精神という形をとってあらわれるのは、人間のうちにある場合だけです」[15]、と。神の霊が人の中に宿っていて、それが精神として開花し、絶対精神に成長すると大風呂敷を広げ、ドイツの凡人秀才たちをほっとさせたのだ。

弟子　シュライエルマッハーとはどう違うんですか。

師　シュライエルマッハーは直観志向だけど、ヘーゲルは超越志向だ。

弟子　直観と超越はどう違いますか？

師　直観というのは、幾何学の問題を解くときの補助線のように、向こうから急に来るものだよ。だから「幾何学の補助線の研究」などという研究は成り立たない。他方、超越というのは、自分の経験を超え出ることだ。たとえば、−1×−1がなぜ+1になるのか、ということは証明できない。経験の中にはないから、「二点をとおる直線は一本である」というような経験的な公理でもない。つまり経験を超え出て無理なことをする、その結果としてこちら側の世界にとって便利で有益な演算がもたらされる。それが超越だ。

弟子　こちら側だけの話だとすると、一兆円の借金を一回しなければ一兆円もうかるみたいなムチャな話になってしまいますものね。

師　うまいことを言うね。

弟子　でもヘーゲルみたいに、向こう側をこっち側にひっくるめちゃって良いのですか？

師　いけない。とっても悪いことだ。と、シェリング（一七七五―一八五四）やショーペンハウアーが言っている。でもヘーゲルは日本で人気があるんだよね。頑張れば階梯を昇れるなんて、朱子学に似ているしね。日本にはもともと向こう側という考えがない。こちら側の努力で偉くなれるなんていう詐欺に、日本の秀才たちはうっとりしてしまった。僕に言わせればヘーゲルのは超越でもなんでもないよ。あれはただの思い込みだ。なぜならば彼の考えは、こちら側にとって便利でも有益でもなかった。

弟子　超越と思い込みはどう違いますか?

師　たとえば、カルヴァン(一五〇九―一五六四)の予定説の世俗解釈やスピノザ(一六三二―一六七七)の定理は超越だ。カルヴァンは、現世で人がどのように生きようとも救済される者はあらかじめ決まっていると言った。これを予定説という。当時の人々はこれを、救われるべき人間は、禁欲的で、勤勉な選ばれた人間であると解し、証しを得るために自己の職業に励んだのだ。これは経験にはないことで、経験を超え出ているが、こちら側で一生懸命働く意欲につながる。便利で有益だから超越だ、と考える。スピノザは、こちら側の生きる意欲をかきたてるものすべてを善だと言い、これを活動力能と言った。経験を超え出て、生きる力を増大させたのだから有益だ。これも同じく超越である。『エティカ』なんかが典型だね。

弟子　ヘーゲルは便利でも有益でもなかった?

師　そうだ、最悪だ。人間は絶対精神になれるなどと無責任なことを言った。君はこれまでに、誰かが神をもしのぐ絶対精神になれたのを見たか？　脳天気なインテリでこれにかぶれた人が何人もいた。

弟子　でもいつかはバレるでしょう。人間は神になんかなれないんですから。ヘーゲルはどう落とし前をつけたんですか？

師　それで最後は絶対精神が、ゲルマン民族にすうーッと化けるのだ。「自分の内面を無限に肯定し、神の本性と人間の本性との統一という原理を獲得し、主観的な自己意識の内部にあらわれた客観的真理と、自由との和解を実現する。それを実現する役割を負うのが、北欧のゲルマン民族である[16]」と、言った。

弟子　ヘーゲルやりますね。こちらのほうがナチスの理想像に近いみたい。

2　解説――ドイツ哲学の苦渋

†偉大すぎた向こう側

ドイツ人にとって苦難だったことは、カントがヒュームの攻撃をかわせなかったどころか、ドイツにおけるその唱道者になってしまったこと。その上、プロテスタンティズムの神の国があまりにも偉大かつ荘厳であったため、向こう側がそれに重ねられ、こちら側とは到底似つかわしくない領域という認知が生まれてしまったこと。それゆえ向こう側をめぐって、哲学者たちは一人で神と向き合うように、向こう側と対峙しなければならなかったことである。

カントの考えでは、我々は到底、物自体には至れない、それに至る能力を我々は持っていない、だからこちら側の思考形式、カテゴリーで満足しよう、というものであった。『純粋理性批判』の目的は、なぜ因果律のような秩序が、こちら側の連絡のない素材同士を結びつけるのかを解明することだった。カントはそれが人間の頭の中にある秩序だと自分の「直観」で言い切ることにより、向こう側から顔をそむけたのである。

直観が来るには、感覚、意識の領域から外に身を乗り出す必要はない。だが、カントは乗り出さなければ不可能だと考えたのである。これはすなわち、神の啓示は神域から来ないというのも同然であった。

その結果、純粋理性という名の悟性はより自由に科学に貢献することになったが、道徳は神から切り離されて浮遊し、落胆の暗雲が人々をおおってしまった。プロテスタントのドイツ人にとっては、科学よりも道徳のほうがより重い関心事だったからである。

カントやヘーゲルが言う「自由」とは、アングロサクソンの言う自由の概念ではない。彼らの書き物を読めば直にわかることだが、自分の意志で道徳や規範に従うことを、彼らは「自由」というのである。おそらく当時のドイツ人は多かれ少なかれ、常識としてそのように自由を理解していた。義務や権利の概念が弱かった国と、その時代の話である。

そこでカントは、そのような自由の意味で、「定言命法」という、自分でつくった道徳に従おうと呼びかけたのである。これは議論でなく、説得であった。「汝の意志の格率が、つねに同時に普遍的立法の原理と見なされうるように行為せよ」、と。

この説得が成功したとは思われない。次のように、カントが自白してしまっているからである。

それだから定言的命法がどうして可能かという問いには、確かに次の点までは答えることができる、それは――我々は定言的命法を可能にする唯一の前提、すなわち自由の理念を提示できるし、また同様にこの前提の必然性を認識することもできる、ということである。……しかし人間の理性は、かかる前提〔自由の理念〕がどうして可能であるかを、ついに認識できないのである。(17)

別言すれば、純粋理性はどうして実践的であり得るのか、という問題を解明するには、人間の理性はまったく無力であり、およそこれを解明しようとするいっさいの努力と労苦とは、すべて失敗したのである。(18)

定言命法の前提だという「自由」の理念は、先ほど言ったように、当時のドイツ人の常識にすぎない。のみならず、ドイツの哲学者たちに共通することだが、彼らは決して、彼らの「理性」の概念を説明しようとはしないのである。「理性は神の意思だ！」と、本当のことを言ってしまえば、その場で向こう側とつながってしまうからであろう。だからカントは、こちら側の人間の理性は無力だと言い、あくまでも正直にがまんをする。われわれ日本人を感動させるのは、このカントの正直さと忍耐強さであり、論理などではない。論理など、わからない向こう側を語る哲学に期待するほうがおかしいのである。

†説得に耳を傾け知性を育む

哲学が論理的であれば、誰にでもわかるはずである。わからないのは、わからない向こう側をこちら側とともに語るからであり、哲学者の論理などに期待せず、一言一言ひっかかることなく、静かに寄り添うように読む、これが哲学の書き物を楽しむコツである。すべての本は、著者が自分の考えをわかってほしいという、切なる意志から書かれている。べつに真理が書かれているわけではない。

こちら側だけの普遍は不可能だから、カントの言うように真理は不可能である。こちら側の無根拠に耐えながら、いかに向こう側の根拠に近づくか、その営為が学問というものである。河村能人教授や山中伸弥教授のように、向こう側ににじり寄る方法もあれば、ベンサムやグーグルの創業者たちのように、こちら側のマーカーを総ざらいして類型化する方法もある。その他、直観と超越も方法の一つに過ぎない。

哲学の本に戻れば、読んでいてわからなくてもイライラしないことだ。静かに音読して通り過ぎる。あとで戻ってきたときにわかるかもしれないではないか。わからないのは、その哲学者が文章が下手なのかもしれないし、学校の先生に教わった哲学者の解説がただの思い込みで、その知識が邪魔になってわからないのかもしれない。眠くなったら寝る。また起きて読めばよい。放りだした本を、再び優しく手に取る。開いて寄り添う。「わかってほしくて苦労してるなぁ、ムムッ、ちょっと強引だぞ、疲れてきているな」などと、心の感性を活性化させ、悟性の方は少し控え目にする。「さっき言ったことと違うじゃないか！」などとか、怒らない。「ここまで矛盾しても言いたいことがあるのだな。それは何かな？」というふうに悟性を使う。こうすると自分の頑迷の霧が晴れてきて、しだいに知性が育ってくる。

「だまそうとしている！」「自分を正当化しようとしている！」「ウソをついている」と、感じる本ももちろんある。たとえば、ホッブズもロックもルソーも「社会契約説」を唱えた。

ホッブズは、人民は契約により、悪しかもたらさない自然の自由を放棄し、その力のすべてを君主にゆだねた。君主は神に対して罪をおかすことはあるが、人間に対して罪をおかすことはない、とする。

ロックは、君主と人民の間に契約があり、君主が王位を受け取る条件に忠実である限り、人民の側は服従の約束をする。ルソー（一七一二―一七七八）は、万人が万人と約束し合う社会契約を想定し、それが政府の唯一の正当な土台となる、と主張した。

若い頃に私は次のような疑問を抱いたことがある。そのような社会契約があったとすれば、契約書はいったいどこに保存されているのだろうか。国会議事堂の地下室にあるのだろうか。仁徳天皇陵の石棺の中に秘匿されているのだろうか。ジェレミー・ベンサムは次のように言う。

これらの直接対立する三つの体制に共通しているのは、すべて政治理論が擬制によって始められていることである。と言うのは、これら三つの契約は、同じように擬制的だからである。それは著者の想像の中にのみ存在している。歴史上そんな痕跡は何も発見されないだけでなく、いたるところに反対の証拠がある。ホッブズの契約は、明白な嘘である。専制主義はどこでも暴力と虚偽の宗教的観念の結果である。(19)

では、ベンサムにとって法律の根拠とは何か。「法律について、立派な理由を与えるのは何か。それは、法律が作り出す傾向のある善あるいは悪の列挙である(20)」と、じつに単純明快である。義務はそれ自体悪であるからイヤイヤ課すべきであり、権利は善なのだからよろこんで与えるべきである。法律は善と悪との列挙にすぎない。

だが、待てよ。社会契約説は三人の頭の中の思い込みかもしれないが、超越かもしれないではないか。社会契約説が擬制だとしても、それを信じる人が増えて、一定社会の安定に寄与すれば、それはこちら側の世界にとって便利で有益な理論となる。と、すれば確率的だが超越ということもあり得るのではないか？　ただ、日本人のどれほど多くの人々がこれを知っているかは、疑問である。高校で「倫理社会」を選択しなかった学生は、一生知らないまま過ごすかもしれない。

†フッサールのツッパリ

このように学問とはこちら側の無根拠に耐えながら、いかに向こう側の根拠に近づくか、という人間の営為のことである。

先ほどの疑問に、私なりの解釈を加えておこう。社会契約説とは、成文法典の国では、法律の基盤になるものであり、みなが従う法律書そのものが社会契約書に該当する。したがって、役に立つので超越であるかに思われる。しかし、ベンサムらイギリス人にとっては、成文法典はない。判例の解釈で裁判を争う。ゆえに社会契約説は無意味であり、法律は「善と悪との列挙」になるのである。結論として、こちら側に明らかな反証と代案があるので社会契約説は擬制だ、ということになる。

いま私は悟性を使ったのだが、擬制か超越かの判別は、反証と代案が出てくるまではつかない。その間、われわれは思いっきり振り回される。そこで、そんな曖昧なものは止めてしまえというのがフッサールである。

フッサールにとって、われわれは向こう側を認識できない「聾者」である。音を知らない者が、どうして知識からの推論で音を認識することができるのか、そんなことはばかげているし、ナンセンスである、という。

フッサールはバークリとヒュームの究極を目指す。ゲンニビゼッシンから与えられたものだけが実体である。数学の虚数や、−1×−1＝+1みたいなものを、認識論に持ち込むな、そんなのは自然的な学問の分野だけでやってくれ、哲学は別の原理の学問である。と、哲学の非数学性を宣言する。

我々の学問は、こちら側だけの現象を扱う「現象学」なのである。したがって、すべての超越的なものにゼロの見出しをつける。その実在も、妥当性も認めない。これを「現象学的還元」と呼ぶことにする。文句あるか、みたいなツッパった哲学である。
ただこれでは一歩も前に進めなくなるのは必定である。そこでちょっとだけ逃げ道を用意する。

他方しかし、超越物の存在が的確にとらえられるかどうかは疑問だとしても、超越物と認識との関係そのものは、純粋な現象のうちにとらえうるものである。超越物と関係し、超越物をなんらかのかたちで思念するという作用そのものは、現象の内的性格である[21]。

向こう側はわからないが、向こう側と関わることにより、向こう側を思念することは、こちら側の現象だから可能だというのである。これは、こちら側に向こう側のマーカー(刻印)があることを前提にしていなければできない。両者に架橋されていなければ関われないからである。ならばイギリス流の学問をすればよいではないか。
ところが彼は違うのだ。こちら側に、向こう側のような超越の場を作り出すようなムダなことをし始める。では、詳しくは以下に譲る。

第三章

「こちら側」をさらに深める——ハイデガー

1　問答④——師弟と向こう側

†向こう側をエポケーするフッサール

師　ヘーゲルの独自性というのは、前にも言ったけれど向こう側の神性をこちら側に持ってきて人間の中に内在させたことなんだ。

弟子　そんなことをして、大丈夫なんですか。

師　やっぱりそれに怒った人がいる。シェリングがそうだ。「ヘーゲルの方法すべてにおいて、明らかに私は、特に含蓄に富んだ天才的なものすべてに敵対する諸々の要素を見て取ることができた。それで私が見抜いたのは、この者は多くのまやかしの天才的なもの、実際は非力的なもの、それどころか、子供っぽいもの、いわゆる気楽さで誤り導くもの、これら彼がその時代に眼前にみたものを、力でもって、しかも本当に根本的な考え方や学問のために迎え入れた、ということであった(22)」

弟子 なんだか相当怒っている感じですね。

師 ヘーゲルの哲学というのは、神性が宿っている人間は発展する、ゆえに人間の社会も民族ごとに発展する。それで歴史も発展し、歴史の必然を謳うんだ。そしてついには、『大論理学』という書物で、万物の生成を説くところまで行ってしまう。

弟子 そこまで行くと、もっと怒る人がいそうですね。とくにキリスト教方面から。

師 ショーペンハウアーはこれを「闇黒、暗い根拠、根源、無根拠から光明へとたえず生成し、発芽し、発生し、出現するというような説」といい、「譫言《うわごと》」だと切り捨てている(23)。

弟子 それで、その後向こう側はどうなったんですか？

師 その次はフッサール（一八五九―一九三八）だね。フッサールについて何か知っていることがあるかい？

弟子 現象学とか、「エポケー」とかですか？ エポケーって、たしか「宙づり」って習ったんですけど……。

師　何を宙づりにするの？

弟子　まさか、また向こう側じゃないですよね？

師　当たり！　そうなんだよ。ちゃんと読むと、フッサールは向こう側についての記述をバークリから始めている。バークリの松の樹の話は、前に話したね。

弟子　はい、見ているものが実体で、向こう側は知覚できないから問うてもムダだ、というお話でしたね。

師　そうだったね。フッサールでは松の樹がなぜか林檎の樹になっている。「今かりに、われわれが庭の中に眼をやって、花咲き誇る林檎の樹や、芝生の若々しい緑などを眺めて、喜悦感に浸っている、と想定してみよう。……林檎の樹は、超越的な空間的現実の中の一現存在者であり、……その知覚は『単なる幻覚』であり、知覚されたものであるわれわれの眼前のこの林檎の樹は、『現実の』実在の中には、現実存在していない、と。そのときには、さっきまで現実的に成り立っていると思われていた実在的関係は、かき乱されてしまうことになる(24)」

弟子　フッサールとバークリは、同じことを言っているんですか？

師　本人は否定的だけど、ほとんど同じだね。バークリが形体的実体と言っている目に見える樹を、フッサールは向こう側の根拠がないのだから、単なる幻覚だ、と言っているだけのことだ。ただしこれでは、一歩も先には進めないので、そこで向こう側の根拠をエポケーして、こちら側だけで観察しようと提案しているのだよ。これを彼は次のように言っている。「超越的世界はそれなりに『括弧』に括られ、われわれはその世界の現実存在に関しては、エポケーを施すわけである(25)」、と。つまり、向こう側のほうが真であり、それを超越的世界と言っている。それを一旦宙づりするのだ。そして、われわれの知覚と知覚されるものとの関係だけを考察しようと言っている。そこから彼は、人間の知覚のほうに向けられた関心をノエシスと呼び、知覚される客体のほうに向けられる関心をノエマと呼ぶのだ。

弟子　それで、フッサールはどんなことを明らかにしたんですか？

師　それがね、たとえば母親の子供たちに対する愛情についての考察なんだが、こんなことを言う。「ノエシス的観点からすれば、自我から発出する愛情の放射線は、何本かの放射線の束に分かれ、それらの放射線の各々は、個別的客観に向かうのだが、それと同様に、その愛情の集合体そのものに対しては、そのつど集合されている対象の数と同じだけのノエマ的な愛情性格が、分け与えられるのであり、したがってそこには、やはりそれと同じだけの設定立的な性格があるのだが、これらの性格が、互いに綜合的に結合して、一つの設定立的な性格のノエマ的統一をなすにいたるのである」[26]

弟子　よくわからないんですけど……。

師　ここでは母親から発しているノエシス的なものが「情感」、対象たちとのノエマ的なものが「情緒」だね。母親の愛情が注がれている子供たちの群れは、愛情の客観として一つの集合体だと言っているのだよ。

弟子　それがどうかしたんですか？

師　べつに。彼は向こう側を宙づりにしたまま、こちら側だけで超越が可能だという実験を繰り返すのだが、それが無理なので、このような同義反復に陥るだけなのだ。

弟子　というと？

師　超越とは、必ず向こう側に超え出て、こちら側にもたらされる。$-1\times-1=+1$も$E=MC^2$も事情はおなじだ。私がいくらこちら側の現象を越えようとしても、私によって知覚されているこの物はこの物にすぎない。そこにあるだけだ。ここに私が疑似超越するような環境（純粋自我・モルフェー・ヒュレー）[27]を付け加えてもムダなのだよ。ただこのような試みが人間社会の関係性について、より深い理解をもたらすということはあり得るだろう。

弟子 それは超越ではないんですか?

師 それらはこちら側についての理解の深化だね。

弟子 フッサールよりもっと理解の深い人はいないんですか?

師 フッサールの弟子のハイデガー(一八八九―一九七六)のほうがずっと深いね。これは素質の問題だ。たとえば、こんなことを言っている。「現存在は、本来的な自己存在しうることとしてのおのれ自身から、差しあたってつねにすでに脱落してしまって、『世界』に頽落してしまっている。『世界』への頽落性は、相互共存在が空談と好奇心と曖昧性とによって導かれているかぎり、こうした相互共存在のうちに没入しているということを指す[28]」

弟子 どういう意味ですか?

師 人間は死を見つめて生きるべきなのに、日々仲間との空談や好奇心や曖昧性でそれをはぐらかし、ごまかして生きている、ということだ。

弟子 かっこいいですね。始めから易しく言ってもオーケーじゃないですか。

師　うん、師匠のフッサールは、偉そうだが、つまらない人。弟子のハイデガーは、才気煥発でかっこよくて、女にもてて、あんまり愛情が感じられない人に見えるね。書いた物からの主観的な印象だけれどね。付き合うならどっちがいい？

弟子　苦労しそうだから、「偉大な凡人」のほうがいいです。

師　日本の秀才らしい反応だね。でもね、君がこれから生きる二十一世紀の日本では、そういうのはぜんぶ裏目に出ると思うよ。

†向こう側を狩り場にするハイデガー

弟子　ハイデガーは向こう側をどうしたんですか？

師　たとえば、ニュートンが諸法則を発見する。ということは、諸法則はニュートンによって真理となったのであり、それらの諸法則と共に、向こう側が現存在（人間の可能性）に即して近づくことができるものになったということだ、と言っている。ハイデガーは、向こう側の存在者を暴露することが真理の存在様式なのであり、ニュートンが暴露するまでは諸法則は真理ではなかった、ニュートンが向こう側から略奪して真理となったという言い方をする。それで、こう結論づける。「すべての真理は、現存在に適合したその本質上の存在様式に応じて、現存在の存在との相対関係にある」[29]

弟子　相互作用ということは、お互いに何か影響を及ぼし合っているということですか？

師　そういう平和的な関係ではなく、もっとアグレッシブな相対関係だね。「真理〔被暴露性〕は、存在者からつねにまず戦いとられなければならない。……そのときどきの現事実的な被暴露性は、いわばつねに一つの略奪なのである」[30]。あるいは、「自然の学的企投が可能になるためには、現存在は、主題化された存在者を超越していなければならない」[31]

弟子　ニュートンのは直観じゃないんですか？　超越と直観の違いがまだよくわからないんですが……。

師　それは法則の形ですでに問題解決されているから、直観ではないよ。直観は向こう側から来て、こちら側の問題解決を助けてくれるものだよ。超越のほうは、こちら側で出来上がっているのだが、向こう側でどうなっているかは証明できない。でも、こちら側を便利にしてくれるものだ。

弟子　わかりやすい説明ですね。

師　つまりハイデガーでは、あくまでも世界内存在《イン・デル・ヴェルト・ザイン》（この世のオレ）としての現存在《ダーザイン》（オレの可能性）が主役なのであり、向こう側は跳び越えていく一つの狩り場なのだ。だから向こう側、これを彼は「外的世界」というのだが、それはあらかじめ人間に開示されているのでなければならない。「向こう側は開けた狩り場だ、さあ、行っておいで」、といったところだろうか。

弟子　向こう側の上位が逆転しているんですね。

師　こちら側の優位を宣言することを実存《エクシステンツ》というんだね。そもそも外的世界が存在しているかどうかという問いは、世界内存在である人間が設定する問いとしては無意味だと言い切っている[32]。

弟子　すごい人ですね。ちょっと恐いです。

師　僕はハイデガーのこのシーンを読むたびに、ヘーゲルの「自己意識」についての一節を思い出すよ。「自己意識は、自立した生命としてあらわれる他の存在をなきものにすることによって、はじめて自分の存在を確信する。それが『欲望』の働きである。……ただ生きているというだけのさまざまな生命体は、生命界の運動過程のなかでその自立性を失い、形態上の区別がつかなくなって生物としての存在を失うが、自己意識の対象は、自己を否定しつつ自立するような存在なのだ[33]」

弟子　狩猟民っぽいですね。

師　そう、外界の対象を狩って食って自分の滋養にして強くなれ、みたいなことを意識にまで及ぼそうとする傾向が明らかに見て取れる。

弟子　ゲルマン民族の個性ですか？

師　僕は哲学の内容も重要だけれど、その哲学者の書物が、その当時の人々にどのように受け取られたかということも大事だと考えている。ハイデガーの現存在はこの世に頽落しているけれど、世界内存在としての実存の自覚を持てば向こう側を略奪できるのだと読者に勇気と興奮を与えているように見える。向こう側をこっちに持ってきてしまうヘーゲルとはベクトルが逆方向だが、ヘーゲルの絶対精神の励まし方とどこか似ている。

弟子　みんなで普遍を手に入れよう、ですね。

師　そう、そしてハイデガーも最後はヘーゲルと同じように民族を持ち出すのだ。「だが、宿命的な現存在は、世界内存在として、本質上他者と共なる共存在において実存するかぎり、そうした現存在の生起は、共生起であって、運命として規定されている。この運命でもってわれわれが表示するのは、共同体の、民族の生起なのである」[34]

弟子　イギリス人はそういう発想はしないんですか。

師　イギリス人はこちら側のマーカーで十分なんだね。悟性《アンダースタンディング》で十分みたいなところがあって、理性信仰のドイツ人のような我武者羅《がむしゃら》さもない。それでもノーベル賞受賞者はドイツよりずっと多い。

弟子　なにかたとえを挙げていただけますか。

師　理性信仰のドイツ人は理性の定義などまずしたことがないのだが、イギリス人は平然と、しらじらとしてしまうのだ。たとえば、こんなのがある。「実際、理性だと私たちが考えているものの定義は、三つの特質で示されると思う。第一に、理性は権力よりも説得にたよっている。第二に、理性は論証によって説得しようとする。その場合、この論証を使う人は、それが完全に正しいと信じている必要がある。第三に、意見をたてる時、理性はできるだけ多くの観察と帰納を用い、直観はなるべく用い方を少くしようとする。……このように定義してくると、理性にたよるのは、自分と自分の話をきく相手の間に、利害と立場の面で、共通点がいくらかあることを予定している。……しかし一般に理性に訴えることは、私たちが貪りたべようと思うものを相手としては、効果はないようだ。肉食を悪いことではないと信じている人々は、一匹の羊でもそれがもっともだと思うようにする論証を求めようとはしない[35]」

弟子　わかりやすい！　狩猟民ではなく、羊飼いですね。

師　うまい！　でもねぇ、この羊飼いは狡猾な羊飼いだ。拋り投げるようなふりをして客観性をよそおい、かえって多くの牧童たちの共感を得ようとしている。

弟子　その共感がコモンセンスですね。

2　解説――こちら側優位の時代

†偉大な凡人の哲学

フッサールは日本では評判の良い哲学者である。もともと数学者だったので、論理的なので好きだという人もいる。だが、第二章でも述べたが、彼は向こう側を峻拒する哲学者として登場した。数学をはじめ自然の学を哲学に持ち込むなと言っている。

可能性としては、向こう側を語らないので、その点で日本人にわかりやすいということが挙げられる。たとえば次の一節。

音が持続している間、または持続する限り、持続の各点にはそのつどの今から、次第に薄れゆく過去に至るまでの、一連の射映が含まれている。それ故われわれは一つの連続した意識を有しているのであり、この意識の各点はそれぞれ不断の連続体である。しかしこの意識もやはり一つの時間系列であり、われわれはこの系列に注意することができる。したがって改めて同じ操作が繰り返されるのである。われわれがこの系列のどれかの一点を固定《フィクシーレン》すれば、その一点には〈一連の過去の諸系列に関係する一つの過去意識〉が必ず属しているように思われる。[36]

別段、なんの説明もいらない。普通の人ならば誰でもが感じるような時間意識である。「今」がつらなり、そのたびに過去化が彗星の尾のように続き、知覚と連続的に和合していく。最後の部分に無理がある。時系列の一点など固定できるわけがない。人が動いているからである。

フッサールの哲学は、彼が無理をする所だけが人にわかりにくく、不可能が難解だと思われることにより独特の権威を保ってきたと言えるだろう。問題なのは、読んでもあまり為にならないということだけである。

弟子のハイデガーはそんなことはとうにわかっていたから、師匠の権威のビークルにだけ乗り、一切衣鉢を継がなかった。時間論で、未来を「到来」[37]と言ったことぐらいしか、両者に共通点はない。

†数理工学の時代

一九二〇年代から一九三〇年代にかけて、自然の学の分野では、量子論の成果が次々と公表されていた。波動力学、不確定性原理など、こちら側の世界は確率によって支配されている。社会経済分野まで確率統計モデルで解いていこうという、オペレーションズ・リサーチが順風満帆だった。

このような時代に「向こう側」を語ることに何か意味が見いだせただろうか。賢明なフ・ハ師弟は「向こう側」をあきらめ、こちら側だけの認識の深化を目指すことにした。これが「実存」志向への基本的な契機である。師フッサールは向こう側を宙づりにし、弟子ハイデガーは向こうに対するこちら側の優位を宣言した。これを実存主義という。

確率統計モデルは、こちら側は繰り返されるものであり、合理的な予測モデルが可能であるという思想にもとづいていた。ノーバート・ウィーナー(一八九四―一九六四)のサイバネティクス理論などは、この時代に生まれて発展したが、ウィーナー当人の最大関心事は、じつはその数学的表現の背後にある、「向こう側」の世界のほうだった。追いつめられた者はこちら側の島に陣取り島国家を宣言し、攻めるほうは、島よりも陸地のことを考えていたのだ。

その後、サイバネティックスやオペレーションズ・リサーチという数理工学の理論は、こちら側の問題の解決にそれほど有用性があるものではなかったことが、次第に明らかになっていく。ジョン・フォン・ノイマン（一九〇三―一九五七）のゲーム理論などは、ベトナム戦争に援用され、前提条件に問題があったせいもあり、惨憺たる結果を招くこととなった。

こちら側は、こちら側だけでは解明されるものではない。それは繰り返しのない不確定な世界である。普遍はこちら側と向こう側に架橋されてこそ、ようやく暫定的な相貌を見せるのである。

いわゆる社会科学が扱う問題では、応用数学によれば複雑なフィードバック・システムを考えなければならないが、それでは変数が多すぎて方程式が書けない。多変量解析という方法もあるが、近似値に甘んじることがあらかじめ担保されていた。

向こう側の哲学は、フッサールやハイデガーの時代に沈み、いま再び、こちら側だけの限界の自覚から、脚光を浴びることになってきた。数理モデルは、静的なシステムだが、こちら側はこちら側だけでは完結していないのである。静的なシステムでは、向こう側と動的に連動するこちら側を完璧に記述することはできない。枠をはみ出したものが、こちら側の不確定性を証明していた。

†因果律は壊れる

だが当時は、応用数学万能の時代だった。バートランド・ラッセル(一八七二―一九七〇)などは、一九四五年に、物質と心を次のように定義していた。

「物質」というもののわたし自身の定義は、意に満たぬものに思われるかも知れないが、わたしはそれを、物理学のさまざまな方程式を満足させるもの、と定義したい。それらの方程式を満足させるものがなにも存在しないかも知れないが、その場合には、物理学かあるいは「物質」という概念のいずれかが誤まりなのである。……

「心」についていえば、……不当に単純化していることになるだろうが、心的な出来事を記憶するか記憶される出来事として、定義することもできるだろう。その場合には、ある与えられた心的な出来事が属している「心」とは、前後の記憶という連鎖でその与えられた出来事と関連しているところの、さまざまな出来事の集団だということになる。[38]

向こう側が小気味よいほど軽んじられていることがわかるだろう。数学、物理学、もっと広くとれば応用数学、さらには数理工学が時代を席巻していた。ラッセルとハイデガーが同時代人であることを考え合わせれば、アングロサクソン的思惟がゲルマン的思惟を上回って勢力を拡大していたのである。贅言《ぜいげん》すれば、ラッセルの弟子のルートヴィヒ・ウィトゲンシュタイン（一八八九―一九五一）と、フッサールの弟子のハイデガーは一八八九年の同年生まれだった。にもかかわらず、ラッセルは『西洋哲学史』の中で、フッサールとハイデガーを完全に無視している。

ラッセルの考えは、数式が勝手に超越してくれるので、こちら側の世界を数式で埋めればよい。それで物の記述は完璧だ。向こう側のことはあまり考えずとも、世界は静的で普遍はすべて数式化されるから、自然科学が究極まで発達すれば、予測はすべて完全なものになる、というものであった。

ハイデガーの『存在と時間』にもニュートン物理学が例としてひかれているが、ここでラッセルの言う物理学ももちろんこれである。ところが科学の進歩の結果、いまでは世界はニュートン物理学の世界ではなく、非線形性の世界だと解釈されるようになった。

非線形性については後述するが、超越の深化がこちら側との因果律を壊し、それまでの「普遍」をご破算にして、世界がまるっきり変化してしまうということは、当然あり得ることなのである。ラッセルも、ヒュームに関連して次のように言うだけは言っている。

> すなわち、過去においてはりんごを見ることがある種の味の予期と結合されていたけれども、将来もそのような結合がつづかなければならないという理由はない。おそらく次回にわたしがりんごを眺めた時には、わたしはそれがロースト・ビーフのような味がするものと予期することであろう、と。今のところ諸君は、そのようなことはあり得ない、と考えることでもあろう。しかし諸君がそう考えることは、五分後にも諸君が、そのようなことはあり得ない、と考えつづけるだろうと予期しうる理由とはならないのだ。(39)

ラッセルの弟子のウィトゲンシュタインは、前期の『論理哲学論考』では「迷信とは因果連鎖を信じることである」[40]と言い、ヒューム並みに因果律に不寛容だが、中期前半の『哲学的考察』では変わった。

因果性は一様性の観察に基づいている。ところでもとより、これまで観察された一様性が更にずっと継続するであろう、という訳ではない。しかし、出来事がこれまで一様であった、ということは確実でなければならない。……不確実な経験的系列に無限に依存していてはならないのである。[41]

と言い、因果律は一様にあってもよいが壊れるものだ、という寛容な表現に変わっている。私も後者のほうが便利で妥当だと思う。

たとえば、一九八一年、ロジャー・スペリーが左右分離脳の研究でノーベル生理学・医学賞を受賞した。右脳は創造的、左脳が分析的機能を担い、日本人は右脳を主に使うので創造的だと、日本人について言及した。

ところが二〇〇〇年にエリック・カンデルが脳機能の新モデルを提唱し、同ノーベル賞を受賞すると、スペリーの右脳・左脳の因果律は一撃で壊れてしまう。

因果律は一様にあってもよいが壊れるものだ、というのはこのような事実を指している。不動の因果律などは存在せず、科学はその崩壊と立て直しによって進歩するものだが、それを否定的に語るとヒュームのように、すべての科学は「習慣」にすぎないという言辞になる。

第四章

「向こう側」は殺せるか――ニーチェ

1　問答⑤――それでも向こう側は死なない

†向こう側とこちら側を否定するニヒリスト

弟子　先生、これで向こう側のお話は一件落着ですね。

師　と、思うだろう。とんでもない、まだニーチェ（一八四四―一九〇〇）が残っているよ。じつは話の都合上、後に持ってきたのだが、世代的にはヘーゲルとフッサールの間にニーチェが入る。

弟子　ニーチェは向こう側をどう解釈したんですか？

師　すごいんだ、一撃必殺なのだよ。ニーチェはニヒリストを定義しているのだが、「ニヒリストとは、あるがままの世界については、それはあるべきではなかったと判断し、また、あるべき世界については、それは現存していないと判断する人間のことである」(42)と、言っている。

弟子　こちら側はあるべきではなく、向こう側はないと言っているんですね。

師　そう、全否定だ。向こう側については、五八六章で語っているのだが、向こう側の真の世界というのは真ではなく、哲学者や宗教家や道徳家が作り出した病気の症状だと言っている。「『別の世界』は、存在しない、生きていない、生きようと欲しないことの同義語にほかならない……『別の世界』をつくりあげたのは、生の疲労の本能であって、生の本能ではない。……」(43)

弟子　わかりやすいですね。

師　え、なんでわかりやすいの?

弟子　いままでのお話は全部ニーチェが壊しちゃったのでしょう?

師　のちに、ドゥルーズ(一九二五―一九九五)というフランスの哲学者が言っているのだが、ニーチェは真なるものを発見するという目的ではなく、解釈と価値判断をしているだけだというのだ。(44)つまり、壊すのではなく、解釈していった結果、すべてが否定的になってしまったということなのだよ。

弟子 何か例を挙げてもらえますか？

師 『善悪の彼岸』という本があるのだが、ある意味では、これはニーチェによる哲学者、芸術家たちについての解釈集だ。たとえば、パスカルのことは「この人の理性は強靭で長生きする蛆虫《うじむし》みたいな理性であって、これを一挙に一撃をもって殺すことはできなかった(45)」と、言う。カントの定言命法（「汝の意志の格率が、つねに同時に普遍的立法の原理と見なされうるように行為せよ」）については、「私において尊敬さるべきものは、私が服従しうるということである。――だから、諸君にあっても私におけると同様であるべきだ！」という意味だと言い、カントの情念の一記号法にすぎない(46)、と述べている。

弟子 皮肉屋さんなんですか？

師 いや、生真面目に解釈する結果、皮肉に見えるだけなのだが、微妙に当たっているのが怖い。もっと続ければ、ショーペンハウアーのことは「哲学に対する畏敬を最も根本的に破砕し、賤民的本能に門扉を開いた(47)」と言い、シェークスピアについては、「この驚くべきスペイン風・ムーア風・ザクセン風の趣味綜合(48)」と言い、ベンサム以下のイギリスの功利主義（有用主義）者については、「すべてこれらの鈍重な、良心に不安を感じている畜群動物ども（奴らは利己主義の問題を一般の福祉の問題として導こうと企てているが[49]——）」と解し、トライチュケは憐れな歴史家で、拘束された頭脳の持ち主、[50]カーライルは悪趣味な頭脳混乱者、[51]ダーウィン、スチュアート・ミル、ハーバード・スペンサーらのイギリス人については、「すでに一度はその深い平俗性をもってヨーロッパ精神の全体的沈滞を惹き起こし……ドイツ精神は深い嘔吐感をもって立ち上がった[52]」と、述べる。会ったこともない五世紀のアウグスティヌスについても、「この人はむっとさせるほど身振りにも願望にも気品に全く欠けている」、十六世紀のルターについては、「百姓じみた、無邪気で押しつけがましい種類のもの[53]」と言ってのけた。

弟子　ひどいけれど、なんとなく当たっているような気がしますね。

師　うん、だけど、ワーグナーとドラクロアとヘーゲルは好きだったらしく、否定的な解釈はしないようだ。

弟子　なんだ、やっぱり主観的なんですね。

師　うーん、だがニーチェは、主観は一つの虚構にすぎないと言っている。[54]辿っていけば辿っていくほど、次々と否定され、すべてが雲散霧消してしまう。

弟子　ニーチェの哲学って論理的ではないようですけど……。

師　何を言っているのだ。論理的な哲学など僕は見たことがない。知覚できない向こう側のことを含めて記述しているのに、どうして論理的であり得るだろうか。

弟子　ではなぜ一般に哲学は論理的だと思われているのですか？

師　難しく書いているので、何を言っているか読み手が易しく内容を読み解かなければならない。その読み解く過程が論理的なのだ、と僕は思う。

弟子　読み手は論理的なんですか？

師　読み手に論理的であることを強いるのが哲学なのではないか？

弟子　はじめから読み手にわかりやすく書いてくれたらいいのに……。

師　わかりやすく書くとバカバカしく見えてしまい、読者の興味をそそらなくなってしまうのだね。たとえば、フッサールのところで述べた母親の子供たちに対する愛情などが好例だと思う。わざと難しく言うことにより、特別の思いを盛りこみたいという欲望があるらしいということがわかり、それでなんとか彼らの説得したい筋書きに寄り添う気になる。

弟子　ニーチェは易しくするとどうなりますか？

師　ニーチェは始めから他の人たちに比べて遥かに易しいよ。ほとんどが直観だからね。

ただあまりにも直観なのでアフォリズム（金言）になってしまう。たとえば、「現象に立ちどまって『あるのはただ事実のみ』と主張する実証主義に反対して、私は言うであろう、否《いな》、まさしく事実なるものはなく、あるのはただ解釈のみと」[55]

弟子　論文書いている途中で、こんな直観が向こう側から来たら困っちゃいますよね。

師　さらに直観が予言や啓示に及ぶと、何を言っているのか解釈不能だ。たとえば「超人」とか「永遠回帰」については、予言であり未来のそれである、[56]と言いつつ語るわけだから、わかるはずがない。ただ「超人」も「永遠回帰」も、それが真であるか否かは、向こう側の否定によって意味がない問いとされている。向こう側がなければ、こちら側は成り立たないという、冒頭で語った西洋哲学の前提にあまりにも忠実な哲学なのだ。これがニヒリズムの哲学というものなのだろう。

弟子　ドイツ哲学の究極の帰結なんですね。

†神は死んだふりをしただけだ

弟子　これで本当に終わりですね。

師　いや、それでも向こう側は死ななかった。フッサールが向こう側を宙づりにして判断中止し、こちら側の現象に関心を向けさせたのに続き、ハイデガーがこちら側の優位を宣言し、オレは世界内存在だ、実存だと叫んだ。それでも向こう側が死んでいないことを示しただけだった。

弟子　神は死んでいない？

師　そう神は死んでなぞいない。死んだふりをしただけだ。

弟子　次はどうなるのですか？

師　ドイツ的思惟はナチス・ドイツを生み、大戦に敗れて後は英・米の教化によって抑え付けられたまま今日に及んでいる。次は一番遅れたフランス人が向こう側との闘争を開始することになるだろう。

弟子　面白そうですね。

師　そうかな、彼らはこちら側に混乱を持ちこむ困り者だと僕は見ている。ピーターパンやジークフリートの足元を駆け回るドワーフ（こびと）のようだ。十六世紀には、カルヴァン、ラブレー、モンテーニュらを輩出したというのに、いったいどうしたことか。大戦前にはベルクソンがいたが、彼は徒花《あだばな》だったのだろうか。

弟子　そんなこと言って、先生、日本なんか誰もいないじゃありませんか。

師　向こう側の認知がないのだから日本に哲学が生まれるわけがない。歴史に対して無い物ねだりしてもムダだと思うよ。向こう側というと、異界だと思うものだから、妖怪学だけは井上円了から水木しげるまでじつにめざましく発達したではないか。

弟子　皮肉をおっしゃってるんですか？

師　そう、皮肉そのものだ。日本人にとって、向こう側は亡霊や幽霊や妖怪の世界、こちら側は科学によっていずれすべて解明される世界だと信じられている。

弟子　解明されないんですか？

師　当たり前ではないか。向こう側がなければこちら側の数学の計算すらままならないのに、こちら側だけで系が閉じるわけがない。

弟子　でも向こう側の放射能やニュートリノやらをこちら側に取り込んで研究が進んでいくのではないですか？

師　それはとても日本人好みの考え方だね。化学実験で取り込めるから、こちら側の世界を化学記号や構造式で埋めればよい。向こう側のことは考えなくとも、世界は静的で普遍はすべて記述されるから、自然科学が究極まで発達すれば、予測はすべて完全なものになる。これで済みなのだ。

弟子　それでは済まないんですか？

師　当たり前ではないか。化学で使われる五角形や六角形のケクレ構造式自体がこの世にあるか。分子があんな亀の子の形をしていたならば大変だ。あれらは現実のものではないけれど、化学を考える時にはきわめて便利に用いることができる。あれ自体が超越の産物なのだ。

弟子　物理学はどうですか？

師　科学の進歩の結果、いまでは世界はニュートン力学の世界ではなく、非線形性の世界だと解釈されている。ニュートン力学ならば、現在の状態を初期値として把握すれば、その後世界がどのように動くかはすべて数式で予測できることになり、物理学が進歩すれば未来は予測できるようになると信じられていた。だが、非線形性の世界では、初期値がほんのわずかでも違うと、世界の結末はまったく違ったものになる。また初期値を誤差なしで測定することは原理上不可能なため、どんなに自然科学が進歩しても人間には絶対予測できない世界があることが明らかになってしまったというのだ。

弟子　わかりやすくお願いします。

師　こうやって下敷きを机に立てて、上から力を加える。ニュートン力学が万能であると信じられていた昔は、下敷きが左右どちら側にぐにゃりと曲がるか、最終的に数式で予測できると思われていた。だが、世界が非線形性だと解釈されるようになった今日、どちら側に曲がるかは絶対予測できないとされている。

弟子　向こう側は残ってしまう？

師　そうだね。取り込みきれないのだ。数学でもどんな体系を用いても解けない数論の問題があることが証明されてしまった。

弟子　向こう側には行けない？

師　でも向こう側があるという認識は深まり、広がった。

弟子　先生の目的はなんなんですか？

師　向こう側にいると信じられている亡霊や幽霊、妖怪をはらって、日本人の誰もが直観、超越しやすくすることだよ。ビジネスマンが会社の行き帰りの通勤電車の中で超越したっていいんだ。こちら側にとって生きる力になることはすべて善なのだと言いたい。

弟子　スピノザ的ですね。

師　そう、僕はそれを恥じない。スピノザはポルトガル商人の息子で、オランダで独学により大成した。今のニヒルな「こちら側」で生きていく力をかき立てるには、スピノザが便利で有用だと思う。そうやって「向こう側」の力を調節すればよい。

弟子　向こう側にパワーがある？

師　僕はそう思っている。目に見えない放射能やニュートリノもパワーだ。光はこちら側では粒子になったり波になったりして見えるが、向こう側では一つの姿かもしれない。そして、生きる力もパワーの一つだ。

弟子　人間にとって危険なパワーもあるのでは？

師　科学が発展すればするほど、こちら側の世界は危険になるから危険をはらんだ有益さと言うべきかもしれないね。

弟子　そんなに危ないのなら、こちら側だけで生きれば良いではないですか。

師　科学の進展はなんぴともこれを妨げることはできない。それにこちら側だけで安堵できないことを、これまでの西洋哲学が示しているではないか。フッサールなど、こちら側に縮こまる哲学を消極哲学というのだが、消極哲学は結局、人間の生きる力を殺いでしまう。それを最も実践した哲学が第五章で話すフランスの哲学なのだ。

2　解説——向こう側の生かし方

†生きるということ

ニーチェは普通の日本人にとって、いまのところ無縁の人物である。なぜならば、彼は向こう側もこちら側もやめてしまえというのだが、日本人には向こう側の認知はないのだから、まず向こう側の認知をもってから、ニーチェの説得に耳を傾ければよいのである。

向こう側という認知をもてば、学問をしている意味や、仕事の仕方で橋頭堡が確保できるようになる。「こちら側に根拠がないことに耐えながら、向こう側の根拠に近づく」ということで自意識が生じる。これは生きている意味にも関わってくるだろう。芸術家の村上隆は、一九六〇年代生まれ以降の者には「生きているということが実感できない」という。これをなんとかしたいので芸術をしているという。

私が生きているのは、私という個体の向こう側に生かされているからである。こちら側だけで生きている意味を見いだすことは恐らくできないことだろう。こちら側の私には根拠はないのだ。

カルテジウス（デカルト）のコギト（「われ思う故に我あり」）は、騙されているのかもしれない、と疑ったのはホッブズだった。ジャンバッティスタ・ヴィーコ（一六六八―一七四四）は、デカルトのコギトは単に存在することの意識を告げているだけであり、私が存在することの原因を明らかにしてはいない、と疑義を述べた。だからわれわれは、向こう側の根拠に不安気な自意識で近づくのである。本人は気づいていないかもしれないが、それが村上隆の衝動だろう。村上隆は芸術家には珍しい、概念形成型だと言える。

あるいは、こちら側の世界に散らばる「為に生きる」を集めて、生かされている意図を探るという方法も悪くはない。子供のために生きる。愛する人のために生きる。友人たちのために生きる……。

自分のために生きるというのは根拠がないことなので、じつは大変むずかしいことなのである。われわれは偶然この惑星に降り立っただけで、こちら側の偶然に最期はからめ取られる。だから世の中のほとんどの人が自分のためだけには生きてはいけない。

無数の「何々のために生きる」から、根拠のない自分に関わる要素を取り除いていけばよいだろう。栄達のため、子孫繁栄のため、知っている人のため、理想の世界を築くため、et cetera。そうすれば「世のため人のために生きる」と、「向こう側のために生きる」という、二つのマーカーがきれいに残ることになる。第一章の進化論のところで試みたような、心的聴診で偶然のマーカーを探り当てる方法である。これを概念の足場にして、さらに悟性を働かせることができるだろう。

このように向こう側という認知をもてば、生きるという意味に関わる方法をいくつか増やすことができる。それに向こう側は宗教ではない。科学の根拠なのだから、すべての科学者はここに至るべくにじり寄り、あるいは直観を得、あるいは超越する。

ビジネスマンが会社の行き帰りの通勤電車の中で超越してもよい。あるいは公園のベンチで直観を得る。自分のプレゼンには根拠がなくて不安である。しかし、急に向こう側から戦略的直観が飛来する。目標と収穫が稲妻に照射されるように見えてくる。こういうことはよくあることである。本人が自覚していないだけだ。

二〇一二年頃、モデルの鈴木奈々はマスコミで、「生きてる価値が見いだせない」と、ラップで跳ね踊っていた。だが、モデルは「世のため人のために」生きることのできる素敵な職業の一つである。

†直観は生きる力

ＩＣＵメディカル社を創立したジョージ・ロペス医師は、普通の病院内で直観を得たという。静脈管が滑脱して、ある患者が死亡した。患者の妻に知らせようと、院内の固定電話器に近づいた医師は、ふと、壁にある電話のコンセントを見た。電話のコンセントのほうが、静脈管より安定していた。こうして管を固定する装置を付けた新しい静脈内装置が生まれた。静脈管とコンセントの向こう側のつながりが、にわかに飛来したのである。

一九七四年冬、ポール・アレンは、寒いマサチューセッツの朝、ハーバード・スクウェアのニューススタンドで『ポピュラー・エレクトロニクス』誌の一月号の表紙に目をとめた。ＭＩＴＳという会社のアルテアという卓上小型コンピュータの写真が載っていた。内部には８０８０チップを搭載していた。直観がアレンに飛来した。

アレンは直観を確認するためにビル・ゲイツを同じ場所に連れて行く。ゲイツには一瞬にしてヴィジョンが見えた。「みながこのチップのために本物のソフトウェアを書き始めるぞ！」。ソフトウェアとハードウェアの向こう側は分けることができたのである。

ゲイツとアレンは、ソフトウェアはハードウェアから独立して巨大なビジネスになることに賭けた。彼らの賭けの妥当性を事前に裏づけるような業界分析や過去事例は、今後も出現しないだろう。ブリンとペイジは、ポータルではなく検索がインターネットを征することに賭けた。彼の賭けの妥当性を事前に裏づけるような方法は存在しない。ジョブズが小型化するパソコンにGUIを組み込んだ事例や、ガースナーがシステム統合サービスを推進した事例も同様だ。[57]

ここで、コロンビア大学ビジネススクールのダガンが挙げてくれた事例（マイクロソフトを創業したビル・ゲイツ、グーグルを創業したブリンとペイジ、IBMの企業変革に成功したガースナー）からわかることは、ダガンが「戦略的直観」と呼んでいるものが、向こう側から来るただの直観だということである。直観には、現実妥当性を事前に裏付けるような過去事例は一つもない。つまり、それは経験の中から来るものではないのである。

一貫性、連合性、隣接性、分離性、欠如性、互換性、相補性などの対象の裏側の事情が、抽象的な力で触発的に向こう側からやってくる。それが対象を分解し、素材として一挙に巻き込み、ビジョンをピクチャーとして見せるのである。ピクチャーは、映像化、記号化、文章化され、揺らぎを鎮められれば「超越」となる。

ビル・ゲイツはそれを「仏陀の悟りに達したごとく」と語ったが、仏陀はまったく関係がない。上座部仏教の仏陀の悟りというのは、一種のニヒリズムのことである。むしろ直観は、ふつう人ならば誰でもが受ける、ア・プリオリな生きる力である。心にとってのこちら側の夾雑物をはらうと、にわかに飛来する。ただし、問題はあらかじめ抱えていなければならない。

ビジネスマンで「戦略的直観」を得やすいように、座禅を組んだり、断食したりする人がいるが、それは仏教とはまるで関係がない。こちら側の夾雑物、すなわち雑念をはらっているのである。問題をあらかじめ抱えておく必要があるのは、直観を得たならば、ただちに悟性を使い、知識や概念を総動員して問題の解決に向かうからである。

人は学生の時、いろいろなことを学校で習う。だいたいのそれは、学生がわかりやすいように、出発点と到達点をもった、一連のプログラムからできている。だが社会に出たら、それらはまず使えない。問題には出発点しかないからである。

大学院生の場合も同様である。大学生の時いろいろと授業で習い、いざ大学院に入って研究生活に入るとなると、論文を書かなければならない。ところが授業で習ったことが生きてこない。目標地点もまったくわからず、出発点からまず設定しなければならない。ある地点に降りたならば、四囲を見まわし、進む方角を確定する。途中で直観を得たならば、迷わず方向を変える。そこが本当の出発点である。習ったことは進みながら使えるところだけを活用する。ビジネスマンの場合も、ほぼ同じだろう。

直観がなかなか来ないこともある。私の場合には、三十歳を越えるまで来なかった。だから韓国で六年間もさまよったのである。その間、イライラする。しかし、しっかり勉強しておくことが肝心で、そうでないと、ようやく直観が飛来したときに動けない。

六年間、ともに滞在していた学友は次々と日本に帰り、大学に職を得ていった。私は彼らを見送りに金浦空港に行き、金網に指をかけて、彼らを乗せた飛行機が飛び去るのをじっとを見つめていた。今から思えば、寂寥感と焦燥感のなかで、直観が来るのをただ待っていたのだろう。大学で習ったことがまるで役に立たないと感じて怒り出すのはたいていこのようなときである。

†いらないディスクは初期化しよう

私にとって返すがえすも残念なのは、なぜ日本人が向こう側を無視し続けたのかということである。イギリス哲学の研究者たちは、明らかに気づいていた。少数派の彼らの訳本の解説には必ず出てくる事柄である。

ところが多数派のドイツ哲学やフランス哲学では一切語られない。ほとんどがシェリングのいう、「消極哲学」だからであろう。消極哲学とは、前節の終わりでも軽く触れたが、こちら側に縮こまる哲学のことである。向こう側を峻拒したフッサールの哲学が典型的である。

反対に積極哲学というのは、向こう側に積極的に出ていこうとするハイデガーの哲学のようなものを指す。カントは、『純粋理性批判』で「排除した積極的なものを、実践哲学という裏口から再び導き入れた[58]」、と悪口を言われた。

ヘーゲルは、シェリング流に言えば、「積極的哲学へと膨らんだ消極的哲学[59]」である。向こう側を神性という形で人間に含ませ、こちら側だけで普遍は可能だとしたのである。これは結果として、近代の元気と傲慢を生んだ。だが、人間にこちら側のみで普遍が手に入るという詐欺は、やがて次々と暴かれることになる。

マルクス主義者たちの「労働価値説・唯物史観・階級闘争論」も、すべてこちら側だけの普遍性を志向するという点で、ヘーゲル哲学を踏んでいた。労働価値説は皮肉なことにソビエトで実践され、労働価値を生まないとされた流通部門の崩壊を招いた。唯物史観は、いまだに隣国で生きている。日本さえ来なければ、韓国は李朝から順調に資本主義国になれたはずだそうである。階級闘争論は、「国家は階級支配の暴力装置である」というレーニンの言説を生んだが、ソビエト・ロシア自体が人民弾圧の暴力装置になってしまった。

労働価値説は、誤った直観が誤った学説の累積を生んだ結果生まれた因果律であり、唯物史観は、ヨーロッパ地域の歴史的変遷を必然とし、その過去を現在に遡及させて形成された、独断的な因果律であった。階級闘争論は、資本主義の階級矛盾がプロレタリア革命をもたらすという、誤った予知を正当化するため、「今日までのあらゆる社会の歴史は、階級闘争の歴史である」と過去遡及する逆行の偽因果律である。これらの「こちら側だけの普遍性」は現実妥当性を問われ、すべて壊れた。

チョムスキー主義者たちの「生成文法」も然りである。人類普遍の文法がこちら側で手に入るという彼らの試みは、「次第に同化不能のデータの量が増えて、その重みに耐えきれなくなったモデルは崩壊同然となり、それとともに、しばしの栄光の期間、その領域に活気を与えた幸福感と楽観主義は消滅した(60)」。

犠牲者が多すぎると思うのは私だけだろうか。大学の経済学部や史学科、社会学科、言語学科などで、どれほど多くの人材が、擬制や虚構を習って巣立ったことか、慄然としないわけにはいかない。あまりの被害の大きさに、社会科学が近代の「科学」の座から滑り落ちる一因となった。

また、それらの知識がすべて記憶のなかで蠟化し、教養になると思うことができればよいのだが、いまだに初期化できないまま、脳のディスクの中に残り続け、概念として悟性の足場になっているような人々がかなりいることも事実である。頭の引き出しは増やし続けるだけではなく、引き出して別の仕切り直しをする必要があるということである。あるいは、引き出しごと封印し、奥へ移し、想起を控えることも有用であろう。

次の章のサルトルなどは、思い出さなくてもよい哲学者なのだが、イギリス人が国教会風に、ドイツ人がプロテスタンティズム流に向こう側を神域になぞらえたことに鑑みて、カトリックの伝統の中でのフランス人たちの受け止め方にも一定配慮しないわけにはいかない。

第五章　我々の時代と「向こう側」――デリダ

1　問答⑥――カトリックの僧侶のように

†こちら側にアトム化したニヒリズムをばらまくサルトル

弟子　だんだん向こう側のことがわかってきました。

師　それは良かった。数学なんか、無理数や複素数など、自然数以外はすべてこちら側にはない。向こう側に超越しなければ得られない数なのだよ。$\sqrt{-1}$のように経験にはない数なのだからね。

弟子　それなのに、向こう側を自覚しない人たちが多いんですね。

師　それがモダンな時代のわが国の悪しき伝統なのだよ。西洋人の超越を、こちら側で完成された理論やモデルだと思い込んで利用し、自分は超越しないのだ。それで超越する人を軽んずるものだから、頭脳流出してしまう。

弟子　向こう側を否定したら、学問は成り立たないんですね。

師　そうだね。少なくともニーチェ以外のドイツ人は否定しなかった。カントは切り離したけれど、否定はしなかった。ヘーゲルは向こう側をこちら側に内包させようとした。フッサールは向こう側を判断中止にした。ハイデガーは向こう側を否定せずにこちら側の優位を主張した。ニーチェは向こう側もこちら側も否定した。でもドイツ人には、向こう側に対する態度に一貫性があるだろう。一貫性がないのがフランス人だ。

弟子　そうなんですか。

師　サルトル（一九〇五―一九八〇）は向こう側の否定から始めるのだ。だから日本人好みで一九五〇年代、六〇年代に流行ったのかもしれない。

弟子　どんなことを言っているんですか？

師　『存在と無』という本の冒頭から次のように言っている。「存在するものの外面などは、もはや存在しない。……電流はそれをあらわしている物理・化学的な作用（電気分解、炭素線の白熱、電流計の指針の移動、等々）の総体より以外の何ものでもない。……その作用は、それの背後にあるような何ものをも指示しはしない。……現われは、もろもろの現われの全連鎖を指し示すのであって、存在するものの全存在を独占するような隠れた実在を指し示すのではない[61]」

弟子　背後はない、つまり向こう側はないということですね。

師　そう。これは反科学宣言のようなものだ。電子の研究が進んだ今日では、電流の背後世界は超越の深化によってより明らかになったということだからね。

弟子　背後世界も否定しているサルトルは、超越も否定してしまうはずですよね。

師　ところがそうじゃないのだね。こちら側で超越できるというのだ。その点フッサールと似ているのだが、フッサールではない。

弟子　どういうふうに超越するんですか？

師　この本のタイトルは『存在と無』というだろう。存在はあらゆる存在のことだが、人間の存在はその中でも無だというのだ。「人間を《とりまく》存在のただなかに、人間が出現することによって、はじめて一つの世界があらわになる。けれども人間のかかる出現の本質的で原初的な契機は、否定である。……すなわち人間は、無を世界に到来させる存在である」[62]と、言っている。

弟子　出現の契機が否定であるとはどういうことですか？

師　事物はあるところのものであるが、人間はそれがあるところのものであらず、それがあらぬところのものであるような存在だからだと言う。つまり、人間はHe is「not be」、He is not「be」、だということだ。これはヘーゲル『大論理学』の「始元は同時に有《あり》であるところの非有《あらず》であり、また同時に非有《あらず》であるところの有《あり》である」というテーゼを人間に応用したものなのだ。

弟子　なんなんですか、それは？

師　サルトルの例でいうと、私がカフェのボーイであるのは、私がそれであらぬところのものであるというあり方においてカフェのボーイなのである。私はカフェのボーイという存在ではないが、そういう存在ではないというあり方でいまボーイを演じているのだ。で、サルトルは、「あらゆる方面で、私は存在から脱れ出る、にもかかわらず、私は存在する」[63]。ゆえに、「私の意識は、一つの『否』として、世界のなかに出現するはずである」[64]。だから人間は無そのものなのだ、と言う。

弟子　無である人間が、どう超越するんですか？

師　私は無であり、私は否定そのものなのだから、絶えず自分を否定して今までの自分を超え出ていくのだ。

弟子　否定し続けて、自分を超え出ることができるんですか？

師　そう、できない。超越の最終目標はなんと「それがあるところのものであるような一存在」であると同時に、……「それがあるところのものであらず、それがあらぬところのものであるような、一存在[65]」であるのではなかろうかと、言っている。

弟子　それはどんな存在なんですか？

師　ふざけたことに、神ではなかろうかと言っている。加えて、「人間存在は、もともと不幸な意識であり、この不幸な状態を超出する可能性をもたない[66]」と言うのだ。

弟子　結局はニヒリズムではないのですか？

師　そう、ニーチェのニヒリズムを向こう側だけを否定して、こちら側の無数の人間にばらまいたのだ。人間存在は無なのだから、人間の数だけ無が広がっただけだ。その上、向こう側を否定して、神とか言い出す。ということは、サルトルの場合、「神域」は、こちら側の隣接領域である「向こう側」ではなく、こちら側の世界の時空の外にある。

弟子　それってなんなんですか？

師　いわゆる「あの世」だね。つまり、「向こう側」と「あの世」とが、地続きの場合は哲学者、地続きでない場合は宗教家と分別してよいように思われる。その基準で行けば、サルトルは哲学者ではなく、宗教家だということになるだろう。こちら側にアトム化した虚無をばらまき、あの世の神と合一しようとする。

弟子　それでみんなやる気をなくさなかったんですか？

師　それがね、サルトルはそれがあるところのものであらず、それがあらぬところのものである人間存在は、絶えず状況を変えるという我々の可能性に向かって、この状況を脱れ出ていく、と言うのだ。これはもともとはハイデガーのアイデアで、投企《エントヴルフ》というのだが、サルトルはこの能動的な側面を強調し、実存として生きる意味を無理やり付与しようとしている。[67]

弟子　さっきは不幸な状態を超出する可能性がないと言っていたのに、今度は状況を変える可能性があると言っているんですか？

師　うん、そうだね。ヘーゲルと同じ一種の知的詐欺だ。向こう側を切り捨てた消極哲学なのに、向こう側に張り出している。言ってみれば、ヘーゲルでは向こう側の神性を人間に含ませたのだが、サルトルでは、ニーチェの否定そのものである向こう側の無を、こちら側の人間にばらまいて内包させたのだ。内容は違うが、方法は同じことだ。
弟子　ヘーゲルは無理やりやる気を出させ、サルトルはやる気を殺いでいるのに、無理やりやる気にさせようとしている。つまり銀行はないと言いながら、ニセ札を人々にばらまき、このニセ札を本札にすることが君たちの超越だと言うような……。
師　うまいね。つまり向こう側の処理に強引さがあるのだ。向こう側を拒否すれば必ずニヒリズムに陥る。だが彼らは、向こう側を拒否しつつ、ニヒリズムをも避けようとしているのだ。
弟子　矛盾ですね。
師　そうだね。でも問いつめれば、矛盾は理性にとって弁証法の契機であるとか、同じような言い訳をすることだろうね。(68)

†神になりたいという希求

弟子　サルトルにも良いところはないんですか。
師　彼の超越というのは向こう側には及ばないのだから、全部こちら側の人間が自分で自分を乗り越えていくという一種の成長過程みたいなものになる。だから教訓的で日本人の好みに合ったのではないかと思うのだけれど、『存在と無』の最終章最終節は『道徳的展望[69]』で終わっている。

弟子　象徴的ですね。

師　そう、カトリックのお坊さんみたいだね。そこでサルトルは、彼の言う『くそまじめ《レスプリ・ド・》な精神《セリュー》』がいけないと、繰り返し説諭している。

弟子　どういうことですか？　サルトルは定義していますか。

師　「くそまじめな精神においては、私は対象から出発して私自身を規定するのであり、私は私が目下着手していないようないとなみを、すべて不可能なものとしてア・プリオリにしりぞけ、私の自由が世界に与えた意味を、世界の方から来たものとして、私の義務と私の存在とを構成するものとして、とらえる[70]」と、定義している。

弟子　何か特別な意味があるんですが？

師　最終節ではこう言う。「くそまじめな精神とは、諸価値を、人間的主観性から独立した超越的な所与と見なすこと……パンが望ましいのは、生きなければならない（叡知的な天にしるされた価値）からであり、パンが栄養物であるからである。……彼らは、事物を単に事物として我がものにすることをゆるがせにし、事物の即自存在を象徴的に我がものにすることを、実現しようとこころみる。……彼らは絶望にいたるべく運命づけられている。……というのも、人間的な活動は、すべて、自己原因者を出現させるために、人間を犠牲にしようとするからである」[71]

弟子　神さまとそれに盲従する人を批判しているのではないですか？

師　うん、向こう側に原因と価値を置き、こちら側の人間の自由を束縛する人々を批判している。

弟子　それに向こう側から、「しなければならない」と命ぜられているような気になり、自分を「である」と、正当化する人……。

師　そう、たぶん当時の社会運動家もターゲットに入っている。なぜならば彼はこう言う。「彼らは、……人間的な活動がすべて原理的に挫折にいたるべく定められていることを発見する……それゆえ、ひとり孤独に酔いしれるのも、民衆を指導するのも、ひっきょう、帰するところは同じである」[72]。そう言いながら、この後、サルトルは社会運動に自ら進んで参加しようとするのだ。

弟子　習ったことがあります。社会参加《アンガージュマン》ですね。自由なそれを実践しようとしたんですね。

師　イギリス人やドイツ人に比べて、フランス人が一番、向こう側から自由になりたいという希求が強いのかもしれないね。

弟子　パンが望ましいのは私が食べたいからである。

師　否、パンとして私が摂取するものは世界だ、と言いたいのだ。(73) 世界や世界の中の対象を我が物にすることは人間の理想の象徴である。無であり、否定であり、欠如体である人間はブラックホールのように世界を吸い込む。

弟子　吸い込み尽くすと神になれる。

師　でもそこには至れないのだから、理想の象徴だと言うのだ。

弟子　神になれない神が人間……。

師　そう言いたいらしいね。

弟子　おっしゃる通り、サルトルって、哲学者というよりは宗教家のようですね。

師　うむ、サルトルイズムというのは、向こう側を拒否して、こちら側で「あの世」の神に近づこうとする宗教と言えるかもしれないね。

弟子　矛盾ですね。

師　そう、独仏の近代というのは結局は理性信仰なのだよ。向こう側を切り離したり、こちら側に内包されていると強弁したり、向こう側を判断中止にしたり、劣位に置いたりしながらも、こちら側の人間の理性だけは信頼している。神さまからの授かりものだからなんとかなるさと思っている。なんとかならないのは両方否定したニーチェだけだ。理性信仰もないから彼の頭には近代もない。だが向こう側だけを亡き者にして、こちら側の人間の理性を謳うサルトルは近代主義の道化たらざるを得なくなる。

弟子 このあと、理性を信じられない時代が来る？

師 そうだね。

2 解説――哲学のイノベーション

†何もやって来ない幕末

向こう側を取り入れるというのは、日本人にとって一つのチャンスだと、私は思っている。こちら側の普遍信仰の数々が崩れ、いまの日本は「海の向こうから新しいものが何もやって来ない幕末」のようになってしまった。だからこそ、われわれにとって、「向こう側」が、真に新しい、海の向こうである。

考えてみれば、我々は、すでに「向こう側のために生きる」ことを無自覚でやってきている。科学で向こう側ににじり寄り、数学で超越し、営業の途中で直観を得る。そのような研究者やビジネスマンの先人たちのことを、学校と社会において学び続けてきたのであった。

だからこれからは、みんなで自覚的にそれをすればよい。こちら側の世界だけでは、どうせ真に誠実にはなれない。ならばできるかぎり広い世界で誠実になろう。そうなると、がぜん明るくなってくる。向こう側の沃野が茫漠と広がるのが見えてくる。

国教会のイギリス人は向こう側を利用し、プロテスタントのドイツ人は向こう側と対峙して敗れ、カトリックのフランス人は向こう側を怖れ、外そうとあがき、最後に瀆《けが》した。日本人は、「世のため人のため」に向こう側の実在を悟ればよい。

それでは宗教になってしまう、と恐れる人がきっと出てくることだろう。それではなぜ、初詣で神社や寺へ行き、願い事をするのか。なぜ洪水や火事になると、先祖の位牌をまず持ち出すのか。なぜわれわれは、詩を朗読するのは恥ずかしいが、メロディーの詩は嬉しそうに口ずさむのか。

自然態で体が踊り出すのは普通なのだが、自意識をもって「シャル・ウィー・ダンス」と言うのは、そらぞらしく恥ずかしいのである。日本人は態《わざ》とらしさを嫌う。福田恆存は、これを「実感依拠」だといった。「近代文学にかぎりません。日本人の思想的態度に見られる『実感依拠』の傾向こそ、日本に『観念論』も『唯物論』も生みえなかった大きな原因ではないでせうか(74)」と、じつに的確にとらえている。

だから大丈夫である。日本人にとって向こう側の哲学は、本人が「実感依拠の垣根」を越えない限り、絶対宗教にはならない。私は宗教勧誘をしているわけではない。読者には、だから安心してほしい。

でも、人にはグノーシス（注1参照）の強い人とかすかな人がいる。強い人には第七章で、若干だが応えることにしたい。

†新しい機構学の発想

要するに、歴代の哲学者たちが、「イデア」とか、「物自体」とか、「超越的世界」とか、「背後世界」とか、さまざまに呼んでいたからよくわからなくなってしまったのである。ヒュームの「外的対象」、ハイデガーの「外的世界」が、名称として一番わかりやすい。

それが「向こう側」のことである。

アスリートには、自分の身体能力がどの程度なのかわからない。だから、自分の向こう側が自分に許してくれる運動の範囲を探りながら究極まで走る。シューズメーカーの担当者は、そのときの彼の足と靴と地面の向こう側を心で見ている。

内科医は患者の胸に聴診器を当てる。呼吸音から、肺の向こう側を、病巣の有無を問うている。樹木医は、木の根に彼の心を見、先人たちの蓄積してくれた植物病理学の悟性をフル稼働し、樹木の向こう側に迫っていく。

検事は、容疑者の過去と今を探り、彼の道徳心の向こう側、いわゆる「叡知界」に触れていく。教育者は授業をするたびに達成感のない自分を発見しているかもしれない。教えることの向こう側が広すぎて試験などでは効果が汲みつくせない。通訳は通訳で、言語の向こう側に圧倒され、口籠ったりすることがあるだろう。

「向こう側」は、さまざまなものの背後に、我々の感覚器、神経網、脳の働く範囲を縁取っている。べつに、「あの世」「天上界」「形而上界」などの、こちら側から遊離した遥かなる次元の話をしているわけではない。それは、我々人間にとっての、こちら側の隣接領域のことである。

ヨーロッパでは、向こう側は神域と重ねられた。つまり向こう側は神さまのいるところと地続きだったのだ。だから、神の摂理を知ろうとする動機から、結果として諸学が発達した。明治以来、その学問を学び吸収してきたわが国では、そのようなことは思いもつかなかった。知的好奇心と、探究心から始まり、やればやるほど世の中が便利になり、心が自由になり、人々が喜ぶ。つまり「世のため人のため」よいことと思われて、その仕事に従事してきた。

だが、以来百四十五年、とうとうよそから学ぶことがほとんどなくなってしまった。現在教育界の、「留学しろ」「国際化しろ」「英語をもっとうまくなれ」などの掛け声が虚しいのは、もはや学ぶことが英会話くらいになってしまい、ともかく外国へ行って何かして来い、あるいは国内でもいいからアングロサクソンみたいな発想をして成果をあげろ、ということに尽きてしまうからであろう。

オスプレイという飛行機がある。日本での評判は良くないが、飛行機としては素晴らしいものだ。何しろ離着陸のための滑走路の必要がなく、なおかつ高速移動と長い航続距離が可能なのだから、文字通り夢の飛行機である。だが、ヘリコプターと普通の飛行機を合体させてしまうという発想が、もしわが国で生まれたとしても、それを実現に導くオーガニゼーション（機構）がないだろう。消極哲学のように、こちら側に機構が縮こまってしまうからである。良いものを発想しても、いままでと同じく、こちら側の機構の中だけで同様の因果律に従ってやってくれ、といわれても、それはできない相談である。

向こう側を探りながら、いままでとは別の機構を打ち立てていくという、「機構学」の発想転換が必要なのではないか。ゆえに、「海の向こうから何も新しいものがやって来ない」幕末の日本では、新しい知識の輸入など最早できないことを自ら悟り、こちら側と向こう側に架橋できるような、「新奇さを快とする心」「ケレンミある機構」、そこに国が平然と金をつぎ込むことのできる「公的な度量」がいまや切実に求められるのである。

†脱構築はほどほどに

芸術の分野では、よく「脱構築《デコンストラクション》」という。新しい発想の転換のように喜ばれているが、そんなに善いことでもない。詳しくは次節で語ることになるが、簡単に前置きしておけば、「向こう側の範例とは、まったく別の範例をこちら側に想定してもよいのだ」という、テーゼである。

これも一種の消極哲学であり、こちら側に縮こまろうとする。ただし、カトリック教国のフレンチ・セオリーであるため、向こう側を真に拒否したり、亡き者にしたりすることはできない。そのかわりに、向こう側との蝶番《ちょうつがい》を外し、向こう側の「支配」から自由になろうとする。その過程で、向こう側を思い切り冒瀆する。

人間には超越などできない、超越的解釈はもはや無用である、そう言いながらも一部では、数学や物理学の用語を援用しようとする者が出たため、ニューヨーク大学物理学教授だったアラン・ソーカル（一九五五―）にその欺瞞を手ひどく暴かれたことがある。これをソーカル事件（一九九六―九七）という。

脱構築を一言で言えば、これは「超越無用論」であり、「向こう側からの奴隷解放」、わるく言えば「こちら側の放埒」である。幸いなことに西洋では、さすがに芸術分野をほとんど出ることがない。ベルクソンが「芸術はわれわれの現在を豊富にしますが、われわれにほとんど現在を超越させません」[75]と、的確に述べているように、芸術分野はそもそも超越には不向きな分野である。だから反対に、脱構築には向いているというわけである。

芸術分野では、悟性の足場である概念形成を超越でおこなうことができない。いくら芸術作品を見ても、概念は出てこない。直観を得て、感性で造形するものだからである。それでも、作品群の類型化と、その時代的な傾向・背景を見ることはできるだろう。概念形成型の村上隆がしているのは、本当は「類型化」である。

ゆえに、その類型や傾向を逆転させたり、デフォルメしたり、背景自体を故意に誤読したりすることは十分可能だということになる。これが芸術分野のいわゆる脱構築である。

簡単な例示をすれば、二〇〇九年に公開されたジェームズ・キャメロン（一九五四―）監督によるアメリカ映画「アバター」で、地球人に宇宙人の星を侵略させ、地球人が悪玉で宇宙人が善玉になるという趣向があった。これが類型の逆転である。

二〇〇七年に公開された、三池崇史（一九六〇―）監督の「スキヤキ・ウエスタン ジャンゴ」などは、背景の故意の誤読である。壇ノ浦の戦いから数百年後。源氏と平家はすっかり落魄し、今では宿場町のギャングに成り果てていた。源氏のリーダー源義経と、平家のリーダー平清盛は、財宝をめぐって激しい対立を繰り広げる、という内容だった。

誤解のないように言っておけば、筆者は両監督のファンである。キャメロン監督の「ターミネーター」「エイリアン」などの作品は秀逸だった。三池監督の「愛と誠」は、二〇一二年度の私にとっての最優秀作品であり、善い記憶になっている。

わが国で善くないのは、もともと「向こう側」の認知がないのをよいことに、人文社会系の学問にまで、脱構築を応用しようというものが、二〇〇五年、九年、一一年、一二年と、相次いで書物として現れたことである（参考文献参照）。これらは全部ニセの概念形成を「逆転・デフォルメ・誤読」を通じておこなっているから、一種の詐術である。

建築分野では、難しい問題がある。建築は実用に供するものであるが、芸術作品という側面が少なからずある。けだし、筆者の住むつくば市などは、当初は最新の建築法と芸術感覚によって造られたものだろうが、旧社会主義国・ソ連の町ノヴォシビルスクを手本としただけあって、正直住みにくい。

このような建築に、脱構築を援用すれば、建物がより住みにくくなるであろうことは想像にかたくない。じっさい汐留にあるポストモダンなホテルなどは、故意に水平面に建てられていないため、上のほうの階になると、部屋の手前と奥で明らかな重力のアンバランスが生じ、泊まってみるとどこか落ち着かない。

脱構築の本義を知らぬまま、どんどんとさまざまな分野でこれが応用されることにでもなれば、わが日本国は途轍もなく不便な国になること必定であろう。詳しくは以下に譲ることにしたい。

3　問答⑦——脱構築の罠

†向こう側との蝶番をはずせというデリダ

弟子　近代も終わったのですか？

師　ドイツやフランスの場合は、理性信仰が消えた段階だから、そう思ったのが早かったようだね。イギリス人は理性信仰などないから、時代が変わったと気づくのはベルリンの壁の崩壊と、ソビエト連邦の解体以降だろうね。

弟子　イギリス人の近代ってなんですか。

師　現実的な人たちだから、国家は主権国家で、産業は工業中心、国内政治は富国強兵で、国際政治は勢力均衡、そんな時代だったと思っているのではないかな。

弟子　イギリス人は現実的なんですね。

師　そうだね。ドイツ人やフランス人は、一九六〇年代から、理性信仰がヨーロッパ中心の概念であって、普遍的な理念ではないということに気づくのだよ。なぜ気づいたかというと、第二の地理上の発見によるのだろうね。

弟子　第二の地理上の発見とはなんですか?

師　一六世紀に第一回目の地理上の発見の時代が来るのは知っているね。新大陸の発見で、ヨーロッパとは違う人間たちが住んでいることを知ったわけだが、今度は第二次世界大戦後にその二回目が来る。大戦中の航空技術の発達によって世界が狭くなったことと、植民地が次々に独立したこと。それで世界の秘境にも以前より楽に調査に行けるようになったのだよ。かくして文化人類学が盛んになってきて、またヨーロッパとは違う人間たちの社会に関心が及んだ。

弟子　次はどうなるんですか。

師　理性を普遍的な理念のように信奉すると、ヨーロッパ中心主義だとかいって非難されるようになった。サルトルのことを自民族中心主義とか、近代主義者とかいって批判した文化人類学者のクロード・レヴィ=ストロース(一九〇八―二〇〇九)なんかが典型的だね。

弟子　理性が普遍的理念ではないと言えるようになったということは、向こう側が否定しやすくなったということですよね。

師　ところがね、そうでもないのだよ。次の登場人物は、アルジェリア出身のフランスのユダヤ人哲学者、ジャック・デリダ（一九三〇―二〇〇四）なのだが、向こう側を切り離すためにひどく骨を折っているように思われるのだ。

弟子　向こう側をうまく切れないいんですか？

師　うむ。一九七二年にアムステルダムの運河のほとりで「タンパン」という論文を書いているのだが、そこで「すなわち複数の打撃でもって概念の限界の蝶番《ちょうつがい》をはずすことなのかもしれない。それにしても蝶番とは何なのか」と自問している。つまり、向こう側とこちら側の間の蝶番と彼は言うのだが、それをどうはずすかということが彼の目的なのだ。

弟子　どうしてそんなにはずしたがるんですか？

師　向こう側とこちら側の間に位階制があって、向こう側がこちら側を支配しているというのだよ。「さらに支配の哲学的概念までをも破壊してしまわないかぎり、哲学の秩序に対して自分は自由奔放に振る舞うのだといくら称してみたところで、その種の自由奔放さはどれもこれも、否認あるいは性急さのために、無知あるいは暗愚のために、見誤られた哲学機械によって背後《アー・テルゴー》から依然として操られたままだろう。その種の自由奔放さは、『本人』が知ろうと知るまいと、あっと言う間に言動注意を命じられてしまうだろう[76]」。そして彼は向こう側の支配を男根中心主義とかロゴス中心主義とかいう言葉で象徴させるのだ。

弟子　ロゴス中心主義ってどういうことですか？

師　つまりね、向こう側に言葉が通じる言霊《ことだま》のようなものがあって、それをロゴスと呼んでいる。そのロゴスが我々の言語活動を支配しているというのだ。そこから彼の話し言葉攻撃が始まるのだ。

弟子　どうして書き言葉ではなく話し言葉を攻撃するんですか。

師　話し言葉のほうが西洋では上なのだ。それは神によって操られているのであり、それをロゴスという。ヨハネ福音書の冒頭に「初めにロゴスがあった。ロゴスは神と共にあった。ロゴスは神であった」というのがそれだ。

弟子　ロゴスを倒そうと言うのですか？

師　そうだね。どうやって倒すかというと、デリダは書き言葉《エクリチュール》のほうを上に持ってこようとするのだ。じゃあ、無文字文化の原住民はエクリチュールを持っていないじゃないか、という反論には、原住民はエクリチュールを持たないのではなく、その元になる原《アルシ》エクリチュールを萌芽のように内包しているのだ、と言いたい。だがそれは見えないので、痕跡だという。

弟子　なんか言い訳っぽいですね。本当はないのではないですか？

師　話し言葉《パロール》以前に、原エクリチュールがある。それは動物にもあるというのだ。動物たちが人間の言語を口まねし、動作をまねることができるのは、生物細胞内に原エクリチュールの書き込みがあるというのだ。だがこれも見えないので痕跡だという。

弟子　勝手気まま言っているだけじゃないですか。

師　そうだね。西洋哲学もここまで落ちぶれたということだ。あるかないかもわからないものを上位において、この偽上位者をもって、向こう側のロゴス、すなわち神を打ち倒そうとするのだから、蝶番がはずせるわけない。

†向こう側を怖れる瀆神者たち

弟子　他にはずそうとする試みはないんですか。

師　あるよ。さっき「複数の打撃」と言っていたように、複数たくらんでいる。たとえば君は講演とか座談会のテープ起こしをしたことがあるかい？

弟子　あります。

師　テープ起こしをすると、そのままのパロールでは原稿が成り立たない。想起や修正や補塡や圧縮を意識的におこない、エクリチュールにしないと使い物にならないだろう？

弟子　そうですね。あ、そうか、デリダはそれがなぜ可能かというと、パロールの中にももともと参照すべき原エクリチュールがあるからで、それによってテープ起こしが補われると言うつもりなのではないですか？

師　そうなんだよ。要するに向こう側の言霊なんかない。こちら側に原エクリチュールがあるから、それがパロールの根拠なのだと言いたいのだ。

弟子　パロールはどうして通じるんですか？

師　時間と空間の断片が、オートマチックに繋がれていくと言いたいのだ。

弟子　原エクリチュールによってですか？

師　そうなのだよ。「このような実践はどうしても一種の文字以前のエクリチュールであるほかはなく、すなわち現前的根源なき、アルケーなき原-エクリチュールであるほかはない」[77]と、いっている。この差延《さえん》（différance）というのはデリダの考えた差異（différence）化のダジャレだ。

弟子　差延というのはなんですか？

師　フィルムのコマが繫がって映像になったり、音符が連なって音楽になるように、空間が時間となること。これを彼は空間化と時間稼ぎという。コマの間や音符の間の間隔が、原エクリチュールとパロールとの間にもあるというのだ。パロールは原エクリチュールに遅れて、自転車操業的な自己運動をおこなう。この間隔を埋める力を差延といい、この自己運動によって言葉が動くというのだ。

弟子　これで向こう側がはずせるというんですか？

師　そう思いたいらしいね。とにかく言葉というものは向こう側とは関係なしにこちら側だけで成り立っている、と主張するのがデリダの目的だ。

弟子　理性信仰が終わって向こう側がはずしやすくなったはずなのに、なんでこんなに向こう側をはずすことにこだわるんですか。

師　こちら側の理性信仰がダメになってしまうと、向こう側がまた優位になってしまうではないか。だから向こう側をはずしておく必要があるのだろう。

弟子　向こう側が怖いんですね。

師　鋭いね。だからこそ、向こう側の支配を男根中心主義とかいって、強姦されるように怖がっているのだ。

弟子　こちら側に頼れる理性がなくなったことに気づきながら、それをはっきりと言おうとしないで、ただ向こう側の支配のせいにする。でも向こう側を無視し、こちら側だけで完結して果たしていいのでしょうか？

師　デリダは蝶番をはずすことにじつは成功していない。だけれど蝶番がはずれたと思い込んで実践し始めた人々がいるのだ。フランスではほとんど受けなかったのだが、デリダの教説はアメリカに渡り、英米文学批評、造形美術、建築学などの分野で奇妙な花を咲かせてしまった。

弟子　でも、理性信仰がなくなったのは一つのチャンスですよね。

師　ピューリタンのアメリカ人はそうとらえたのだ。たとえば英米文学批評ではテクストの安定性は幻想である、という言説がはびこった。たとえば「われわれは絶対に状況から逃れられない。絶対に状況から逃れられない以上、われわれは解釈行為から逃れられない。解釈行為から逃れられない以上、超解釈的意味、あるいは前解釈的意味のレベルにわれわれが到達する可能性はない(78)」なんていうのがある。

弟子　あれ？　でもチャンスにはしてないですよね。

師　いや、向こう側をはずしたから超越的解釈はもうない。いまある解釈は権威者の共同体のコンセンサスに過ぎないというわけだよ。だから私の解釈の幅は広がったというわけだ。そういうことは造形美術でも起きていて、ビールグラスが円柱形の寸胴《ずんどう》である必要はない。鼻までひっかかりそうなほど高くて細いトールグラスでもいいじゃないか、ということになる。建築学ではポストモダン建築と称して、傾きそうな建物とか、鳥の巣みたいな競技場でもいいというわけだ。向こう側に正しいグラスや優れた建築はもうないのだから……。君、ああいうの好きかい？

弟子 好き嫌い以前に、生まれたときからそうだったので……。でも面白いですよね。

師 蝶番がはずれてないのに、勝手なことをしているとは思わないのか！

弟子 でも、新しいものが誕生する可能性もあります。

師 こんな下らない思想で世界が変わってしまってもいいのか？

弟子 また向こう側を取り入れましょうよ。チャンスですよ、先生。日本人にとっては初めての認知なんですから。

師 そうだね。僕も新しい地平が開けることを望んでいるのだ。

Ⅱ 「向こう側」と「あの世」の思想

第六章　時間論

1　問答⑧——君がいなくなっても誰かがふさぐ

†人間には時間の感覚器がない

弟子　先生、ちょっとヘンなこと聞いていいですか。

師　何かな？　まぁ、世の中はヘンなことのほうが面白いけどね。

弟子　時間は楽しいときは早くて、いやなときは遅いのに、どうして時計はいつも同じ時を刻むんですか？

師　時計は擬制だよ。

弟子　擬制ってなんですか？

師　まやかしみたいなものだね。でも擬制には役に立つものと役に立たないものがある。

弟子　役に立たない擬制ってどんなものですか？

師　前にも言ったように、成文法典を持たないイギリス人やアメリカ人にとっての「社会契約説」がそうだね。成文法典を持っているドイツ人や日本人にとっては、「社会契約説」には有用性がある。

弟子　時計は役に立っているから、有用性のある擬制ですね。

師　そうだね。まやかしの時間を針の動きに凝固させ、文字盤で分割しているからね。デジタル時計は数字に凝固させて、フィルムのコマのように分割している。これをベルクソンは等質時間と呼んでいる。それは言語の作り出した一つの偶像であり、一つの虚構だという[79]。

弟子　時間自体もまやかしなんですか？

師　うむ、人間は時間の感覚器を持っていないんだよ。だから本当を言うと、あるかどうか、見えないし、聞こえないし、匂わないし、何もわからない。フッサールだったら聾者が音を聞こうとするようなものだから、やめろと言うだろうね。これを現象学的還元とか彼は言っているけどね。

弟子　でも、先生のお立場ならば、あえて向こう側の時間に超越しろとおっしゃるのではないですか？

師　そこまで言うならやってみようか。できるかなぁ。

弟子　めずらしく自信がないみたいですね。

師　うーん、宗教領域に踏み込んでしまうかもしれないからね。向こう側の時間がこちら側の世界にどのようなマーカーを残してくれているか、それ自体心もとない。

弟子　どのような時間のマーカーを推定なさっているんですか？

師　笑うなよ。僕はそれが木なのではないかと思う。彼らには空間の感覚器がない。だから屋根や壁を突き破って枝や幹を伸ばす。空間というものがわからないのだろう。逆に、時間は感覚できるのではないか、と思う。

弟子　どうしてそう思われるんですか？

師　彼らは不動だからだ。時間は不動なのだと思う。

弟子　でも時間は流れますよね。

師　それは、「時間」ではない、君自身の「持続」だ。

弟子　「持続」ってなんですか？

師　人間は連続するものを分割化し、空間化して間をコマ飛ばししないと、連続することを感知できないのだよ。だから我々はいま見ている世界もフィルムのように見ているのだ。それが君の「持続」だよ。君の作り出している君の体内の時間のことだ。

弟子　すると、人によって「持続」のスピードは違うんですか？

師　そうだね。違う。同じ人も場所によって違う。

弟子　チベットに旅行したとき、そこでは時間の流れがゆっくり感じられて、一日があっという間に過ぎてしまいました。

師　「ゆっくり」で、「あっという間」というのは、言語矛盾だね。

弟子　ゆっくりということは、コマ数が少ないということだから、早く終わってしまうということなのでしょうね。

師　「持続」がわかったようだね。でもそれは時間とは違うからね。

弟子　「持続」は流れるけれど、「時間」が流れるかどうかはわからないんですか？

師　僕はこちら側のマーカーのいくつかが示すものから、時間は不流動だと思っている。

弟子　木の他にもマーカーはあるんですか？　たとえば星とかどうですか？

師　星はだめだね。あれは無機物だから「持続」を持たない。無機物は過去を反復するだけだ、とベルクソンは言っている。彼は時間を流れるものと思っているから、そう言うのだけれどもね。

弟子　生きているものが死んで、無機物になったもの、たとえば化石は「持続」を持ちますか？

師　「持続」していたものが物に刻みつけた痕跡のことか。たとえば日本オオカミなどの絶滅種の剝製、日本の路辺から駆逐されたイヌタデの押し花、ヒイラ細胞、ホーチミンのミイラ、アインシュタインの脳の標本、奇跡の一本松、などのことかな。それは君を写したフィルムの一コマを取り出したようなものだから、「持続」は持たないよ。

弟子　木しかないんですね。

師　いや、僕がそう思うだけだけどね。植物は生長するから「持続」を持つ。無機物の岩なんかとは違う。植物は「持続」を持つけれど動かない、君の「持続」のように流れない。つまり運動しない。それが時のマーカーではないかと思う。芽のうちも、茎を伸ばしてから も、樹木となっても、立ち枯れしても、空間の感覚器を持たない彼らにとって、すべての形態は同一の時間感覚の内にあり不流動である、と思われる。

弟子　時間が流れないと困りませんか？

師　困らないよ。木はまったく困っていない。

弟子　じつは困っているかもしれないですよ？

師　困る脳がないだろう。あるのは根だけだ。なんか禅問答みたいだな。

†時間は流れない

弟子　だから宗教領域に入り込んでしまうというんですね。時間が流れないと言っている人は、他にもいるのですか？

師　哲学者の大森荘蔵さん（一九二一―一九九七）が、時間は流れないと言っているね。「時間とは動態的《ダイナミック》なものだという事実誤認があるように思われる。じつはその正反対で、時間とは静態的《スタティック》なものなのだ。とすれば時間と運動とは連関するどころか、反発しあう反極なのである。時間は静態的な座標軸であって、運動とは何の縁もない。時間とは過去と未来のみを含む時間順序の座標なのである[80]」と、言っている。

弟子　先生はその意見に賛成なのですか？

師　まったく賛成だね。ただ彼の時間は静態的すぎて、それでは有機体の「持続」を包摂できない。人間の歴史が可滅的なものであることを説明できないことになる。歴史は全部滅びるべきものだ。だから、時間は流れないと同時に、絶えず入れ替わると言わなければならない、と思う。つまり、未来とは「これから消滅する事象」であり、過去とは「すでに消滅した事象」である。先と後はあるが、流動的ではない。

弟子　それは永遠に続くんですか？

師　永遠だとすれば無限に自己充足しているはずで、なぜ我々人間の「持続」と共存しているのかがわからなくなる。これは僕ではなくてベルクソンが言っていることだ。(81)

弟子　時間が永遠でないとすれば、どういうことですか？

師　消滅しては代置され、消えてはひとりでに埋まる。それには現実妥当性がある。君の昨日はもうないし、平安時代や鎌倉時代はあとかたもない。

弟子　人間は時間を受け身でしかとらえられないということですか？

師　ハイデガーの『存在と時間』では、この次々と開かれる時空は人間がつくることになっている。彼は人間の積極性を信じる。「現存在がおのれに空間を許容するはたらきは、方向の切り開きと遠ざかりの奪取とによって構成される(82)」、と。ちなみに、ハイデガーは、未来を「到来」、現在を「現成化」、過去を「既在」と呼ぶ。既在は、「持続」から見れば記憶であり、「時間」から見れば消失だろうね。到来は、「持続」から見れば到来であり、「時間」から見れば代置である。

弟子 人間が時空を切り開かねばならないということは、ハイデガーも時間は流れないと思っているんですね。

師 うん、そうだね。でも自分で切り開いていくというのは、ちょっと無理だろう。時間の感覚器も持たないで切り開いていったら、それこそ五里霧中になってしまう。それに、切り開く気力のない人は時間に捨てられてしまう。

弟子 時間は切り開かないといけないものなんですか？

師 ハイデガーにとって人間の「持続」は行動ということになっているのだ。こちら側優位の彼らしい発想だよね。

弟子 ベルクソンはどうなんですか？

師 ベルクソンは時間は流れると思っているし、向こう側の時間のほうが優位だと考えている。そこで、人間の「持続」からコマ間の空間を外して、不可分の時間の連続を一挙に直観しろというのだ。彼はそれを純粋直観と言っている。(83) それで僕もいろいろやってみたのだが、樹木を一日中眺めているしかなかった。

弟子　それで何かわかりましたか。

師　空間を感覚できない彼らは、コマ間の空間をはずす必要がない。そこに動かず、運動することもなく、持続だけしている。この持続は純粋持続であって、時間のマーカーとしては十分なものだと、僕は思った。

弟子　木は、時間の消滅と代置によく乗っている？

師　そうだ。時間は全方位的かつ宇宙的に瞬時消滅し、空間を巻き込んで消し去っていく、そのあとを時のエネルギーが空間を巻き込んで埋め続け代置していく。

弟子　先生、それは壮大なホラではないですか。

師　そうだね。現実妥当性がなければ単なる思い込みであり、ヘーゲルの歴史哲学やマルクスの唯物史観のように、人々の人生に迷惑をかけて終わるだけかもしれない。

弟子　「時間は消滅であり代置である」。「未来とはこれから消滅する事象であり、過去とはすでに消滅した事象」である。あんまりじゃありませんか。私たちに何ができると言うんですか。

師　できることはたくさんある。だが君が消滅しても誰も困らない。その空間は速やかに別の人によって代置され、何事もなかったかのように明日が来て、その日は昨日として消滅する。

弟子　それはニヒリズムではないんですか。

師　ニヒリズムではない。向こう側を否定するのがニヒリズムだが、時間は向こう側の優位を明らかに示している。

弟子　こちら側の生きる意味がなくなってしまうではありませんか。

師　そんなことはない。こちら側で意味なく偶然に産み落とされた人間に、こちら側の根拠など本来あるわけがない。向こう側が人間を生かしてくれているのだよ。時間は向こう側からの賜物だ。

弟子　そんな他律的な生なんかいやですよ。

師　では、ハイデガーのように気張って生きればよい。あるいはフッサールのようにこちら側に閉じこもって、「現象学的還元」とか言ってツッパリまくるか。そのような近代は終わったのだと、僕は思う。僕は向こう側に生かされている。

2　解説——時間や歴史に因果律を持ち込む不毛

†時間論と時間認識論

自然科学では力とは質量と速度の関数でしかない。しかし、運動がなんらかの力によって生じるという事実は否定できない。力は向こう側から来る。消失し代置されるたびに、個物は粒子に散り、また引き寄せられる。潮の満ち干のように美しい縞をつくるはずである。これが見えるとよいのだが、どうしても見えない。

時間は流れではなく、パワーであろう。だが、我々には流れのように感じられる。我々が「持続」というマーカーにすぎないからである。いわば我々は、パワーを流れとして切り取り、継続という普通名詞を張りつける存在である。時間は、本当は「到来」なのだ、と言ったのはフッサールとハイデガー師弟の卓見だったのだが、それ以上はあまり進まなかった。

古代インド仏教に空《くう》の思想という宗派（龍樹《ナーガールジュナ》の派）がある。私はいま一歩を踏み出そうとしているが、まだ踏み出していない。だからこの一歩はない。私はここまで歩いてきた、というが、その歩いてきたという行為は消失している。私はまったく歩いていないし、今歩かない。ゆえに、私は歩くことができない。これは、こちら側では因果律が形成できないので、時間はない、という論である。すぐに気がつくように、これはこちら側だけの時間論の究極の不可能性をよく示していると思われる。ただ、こんなのは論理ではないと、ムッとした方もおられるかもしれないのだが……。

では、時間認識論ならば、こちら側の我々の内的な事情であるから因果律はたぶん可能であろうとするのは、こちら側に縮こまり、すべての超越にゼロを申しわたす消極哲学のフッサールである。

だが、因果律とは、そもそも結果から原因へと遡って形成されるものである。ある殺人事件で、我々には、その現場に居合わせるのでない限り、その人が殺された原因はわからない。死体から遡って原因を究明し、原因を突き止めてから再び下って因果律をつくるのである。「頸骨への一撃が致命傷になったと思われる」というように、である。

人間は原因から始めることはできない。恐竜の化石から恐竜の姿を想像するのであり、その逆はできない。つまり因果律の形成は、必ず過去遡及をともなう。

そこから、時間認識を因果律のかたちで解明しようとする人々は、「想起」（思い出し）を問題にするのである。そうすると、「今」の原因から始めることはできないのだから、過去の記憶から遡ることになる。「私が座っていた」という記憶から、想起して「私が座った」ことを思い出す。この「今」から下って時間認識の因果律をつくろうとする。

まず、時間が近い「直近の因果」と、かなりの時間がたったあとの「遠隔の因果」を分ける必要があるだろう。直近の因果とは、たとえばいま線を引いているような場合、引きながら前の線を引いたことを思い出していないと、次々に線を引きのばせない。「遠隔の因果」の例は、昨日の出来事の想起のようなことである。フッサールは、前者を第一次想起、後者を第二次想起と呼んで分けた。

この第一次想起はいかにもまずい。今が次々に隣接してしまう。たとえば、くっついた二つの十円玉の片方を押しても、もう片方とともに動く。一個目を「押す」（原因）と二個目が「動く」（結果）との間に時間がないことになってしまう。つまり時間がないので因果律はない。これをヒュームのジレンマという。これと、第一次想起の「今」と「今」の隣接は同じである。つまり、すでに時間を空間化している。

そこで、日本のある時間認識論者は、このジレンマを避けるため、第一次想起は時間の構成要素にはならないと言って、あえて外してしまう。考察していたのは時間ではなく、時間認識だったはずだから、時間認識の構成要素には立派になるにもかかわらず、である。つまり、時間認識の究明よりも、因果律をどうやって時間認識論に持ち込むかのほうが、優先課題になるのだ。

ここから奇妙なことが起こってくる。遠隔タイプの因果律だけが時間認識だということになると、「座っていた私」(結果)の想起から始まり、「私は座った」(原因)へと遡る。この原因こそ「今」であり、もう一つの「今」が開示されたというのである。こうして「今」が次々と過去から掘り起こされる。いま黒板に線を引いていても、こっちのほうは「今」ではないらしい。

じつは、因果律を時間に持ち込むのも、時間認識に持ち込むのも結構なのだが、そっちに合わせてこっちを調節する式になりかねない。因果律とは壊れやすいものなのに、巌のように固いと想定している老人たちが日本にはかなりたくさんいる。これらはすべて、ドイツ渡来の消極哲学と、こちら側だけの普遍信仰がかつて流行っていた頃の名残であろう。

†時間の先件連続消失

さて、我々の「持続」では、時間は空間を巻き込んで次々に消えるように見える。光に従う我々の目や、音に従う我々の耳は、そのような現象を我々に告げる。だが、樹木や岩はそのような現象を見聞きしていない。時間の永遠を樹木は感覚し、岩は何も感知せずにそこにあり、壊れ、また転がってきて別の空間をふさぐ。ゆえに、我々の「持続」は、向こう側からのマーカーの一つに過ぎない。では、時間自体は何かといえば、おそらく「先件連続消失」だろう。

無機物だけの月の世界でも、アームストロング船長は月面を跳び歩いていた。彼とテレビを見ている私は、パワーで先件が押し出され連続消失している世界の別地点に立つことになる。「持続」の私には彼の動きが、空間内の映像の瞬間消失と代置とに見える。だが、空間ではない。空間はそこにある。とすれば、先件連続消失されているのは、時間そのものだろう。これはたぶん宇宙全体で起きている。

特殊相対性理論の、光と並行して光速で飛ぶロケットの窓から光を見ても、光が秒速三十万キロで飛んでいるように見えるというのは、光のほうが宇宙空間の時間の先件連続消失よりも早いので、光が消失を免れてしまっているからだろう。それをロケット内の空間から見ている我々のほうは、「持続」で見ているから、時間の先件連続消失を越えることができない。だがどちらにしろ、光速で飛ぶロケットは融けて光になるだろうから、地球上からは同じ光速度の二筋の光が宇宙の果てに飛んでいくのが見えることになる。

地上でも、光のほうが時間の先件連続消失より早いので、我々は光に照らし出されたものを先に見ることができる。遅ければ残像が残ってしまい、すべての物の動きは、映画の眠狂四郎の円月殺法のように、あるいは九尾狐の尻尾のように、ぶれて見えてしまうことだろう。

時間の先件連続消失は恐らく計ることができない。我々には時間の感覚器がないからである。ゆえに、わたしが直観でこう言っていても、超越なのか、擬制なのか、単なる思い込みなのか、まったくわからない。このグノーシスが実用に供すればよいのだが、役に立たなければ、無駄になるだけである。

†未来・「今」・過去

さて、我々の右利きの者は、過去・現在・未来の線分を左から右に引いていくことだろう。左利きの者が、右から左に書いていっても構わない。だが、消失と代置は全空間的に起こるのであるから、線分に貫かれるように立体を書き連ねていってもよい。線分は真っ直ぐである必要はない、湾曲し蛇のうねりのようになれば、立体が向かう方向はないことになる。

その立体を無限にどんどん大きくしてみよう。方向を考えること自体がバカバカしくなってくる。だから、引っ張らずにそこに止まったままでよい。押し出されて先の件だけが消えて、次の件に連続して代わる。先次は言えても、右左、上下は言えない。「先次」だけが時間がこちら側に付けたマーカーだとすれば、我々はこの偶然を概念として用いざるを得ない。

夢の時間も「先次」をまもる。夢の攪乱は、心の構成する内的空間のほうが人間業《わざ》で稚拙なため、稚拙な空間を、時間の先件連続消失が巻き込んでいくことから起こる。この持続はとにかく見えているから、心の中には明らかに光があると言える。生来の盲人には、夢の闇の中でこの光だけが見えるらしい。これが、直観の際に向こう側からの力を導き、超越の際に向こう側へと超え出る内奥の光である。

現実も夢も時間のマーカーはともに「先次」であるから、しばらくはこれを使うことにする。先件が消え去った過去であり、次件がこれから来る未来である。我々の持続は、その間に間隙を忍ばせるから、「今」が取れてほっと一息つく。時間は流れるのではなく、パワーによって押し出されるのである。右左、上下、前後からは来ない。全方位的に、消えては代わる。すでに消滅したのが過去であり、これから消滅するのが未来である。

時間が我々のために、空間に残すことを許容するものは、持続していた動植物が物に刻み付けた跡と、死んだ有機物が無機物になり、他の無機物に同化した跡に限られている。恐竜の足跡、炭化した植物、岩が閉じ込めた樹木、動物の骨などの化石、地殻の大部分を形成するプランクトンや藻や虫の死骸などがある。史料、落書き、碑文、データ・メモリーや遺物、遺跡、アーカイブは、人間という動物が無機物に刻み付けた跡の数々である。だが、それらを意味あるものとして選択するのはいつも我々である。だからそれは、娘の成長を楽しみにしている母親の撮ったビデオ記録の一コマと同じものである。

たどるときには必ず過去遡及をする。結果から原因へ遡るのである。恐竜の化石から恐竜が存在したことを知る。その逆はできない。煙草を吸う（原因）人から、肺癌になる（結果）は、絶対に導けない。肺癌で死んだ人（結果）から、過去遡及すると、想定する煙草（原因）にはなかなか行きつけない。だから煙草の害を警告するパッケージの記載は、肺気腫になったり、心不全になったり、妊娠障害の警告になったり、行き先を失って常にさまよい続ける。

†歴史認識論の不毛

歴史学も同じく、さまよい続けるのである。史料や遺物、遺跡は我々の前に現前する。我々はそれに過去ではなく、今として向き合う。そしてその都度、その「今」から過去遡及するのである。

古代人や中世人には夢と現実の区別はない。日記を読むと、「昨夜父に会った、目覚めても懐かしく、流涕滂沱《りゅうていぼうだ》だ」とか、書いてあったりする。だがこれは逆であり、流涕滂沱だったから、彼に夢と現実の区別がつかないということが、我々にわかるのである。この史料が、過去のある時点で燃えてしまえば、中世人の「流涕滂沱」も、「夢と現実の区別がつかなかった」ことも、わからなくなる。

その史料や遺物は、その書かれ、つくられたときには、生き生きとした空間の中にいた。しかし、我々が向かうときには、当時がよくわからないので、夢のなかの空間のように稚拙な空間を形成する。おまけに、書かれていないことと、燃やされたことと、壊されてしまったこと、などにより、その空間にはぼこぼこと穴が開いている。だから歴史学は夢に似ている。一般の人々にはそれがロマンに感じられる。

だが、稚拙な空間を紡ぎ合わせるので、混乱と攪乱の中に歴史学者は身を置くことになる。たくさんの史料を読み込むと、ある夜、夢で当時のピクチャーをビジュアルに、ありありと心のうちに見ることができる。この直観の賜物を、歴史学者は秘かに稚拙な空間の紡ぎ合わせの中に忍ばせるのである。

だがその直観は史料の向こう側から来たものであり、当時の事象の向こう側から来たものではない。あくまでヒューリスティックな（役に立つ見せかけ上の）ものである。

歴史学には、すでに当時が消滅しているという「可滅性」、史料間に欠如があり事象の継続的な変化が辿れないという「間隙性」、たとえわかっても現代の有意味に還元できないという「還元困難性」(84)が常につきまとっている。

このようなものに、普遍性を付与するという工作が、「歴史哲学」というものである。たとえばヘーゲルは言う。

必然の連鎖をなすさまざまな民族精神の原理は、その一つ一つが普遍的な世界精神の各段階をなすものであって、歴史上のさまざまな精神のなかを貫流しつつ、みずからを自覚的な総体へと高め、全体を完成するのは、この普遍的な世界精神です(85)。

これは時間論を放棄し、人間の時間認識に因果律を持ち込もうとする「時間認識論」と同様に、歴史学を放擲し、人間の歴史認識に因果律を持ち込もうとする「歴史認識論」の典型である。

ヘーゲルいわく、民族精神（＝理性の原理）なるものが歴史の中を貫通しており、それが次々に自己発展を遂げて、ついには世界精神に至り、「必然の因果」の連鎖を完成する――これがこちら側だけに因果律を持ち込み、こちら側だけで普遍性を獲得しようとする、ドイツ消極哲学の産物であり、単なる独断論であることはすでにおわかりのことと思う。

ヘーゲルの場合には、シェリングが、第四章の注(59)で「積極的哲学へと膨らんだ消極的哲学」と語ったように、こちら側と向こう側の被膜を力いっぱい向こう側に膨らませ、向こう側をこちら側の人間に含めてしまうのである。

神の一なる摂理が世界のできごとを統轄している、というのは、理性の原理にふさわしい真理です。というのも、神の摂理とは、世界の絶対的かつ理性的な究極目的を実現する全能の知恵だからです。理性とは、まったく自由に自己を実現する思考なのです。(86)

神の摂理を人間の「理性原理」に含め、その全能の知恵を手に入れたような気にさせる詐術が、どれほど傲慢だったものか、近代の終わった廃墟に抛り出された我々には、痛いほどよくわかるはずである。ドイツ消極哲学は終わったものとして初期化されなければならない。

歴史認識論が、日本を除く東アジア諸地域で最も盛んであり、ことごとく独断論のそしりを免れないのも、以上の解釈から明らかになることだろう。すなわち、東アジア諸国は歴史上、神のいない地域なのであり、具体的には各血族の祖先神しかいない。他の偶像はすべて御利益神であり、中国の斉天大聖孫悟空、朝鮮の崔宝将軍など、動物妖怪や伝説上の怪人物、あるいは天の玉皇大帝の宮廷や官僚組織メンバーを擬人化したものからなっている。したがって、有鬼論(87)地帯であり、あらゆる神的思惟がこちら側のみに蟠踞《ばんきよ》してしまい、グノーシスを生むことがないのである。ゆえに、歴史認識というこちら側の独断論が普遍志向の依代《よりしろ》とならざるを得ない。詳しくは後述するが、ここでは、東アジア地域が有鬼論地帯であり、祖先神や擬人神など、霊的なものがすべてこの世にあるという、世界では特殊な単細胞型の地域であることをご留意願えればと思う。

神々のいる日本が彼らと同じ土俵で、歴史認識などを争ういわれは本来ない。日本人にとっては、歴史認識論などより、哲学や宗教の栄えをパワーにしたほうが、生きる力が弥《いや》増《ま》すというものではないか。

第七章

近代以後の「生かされる生」

1　問答⑨——もう生きがいなんて考えなくてよい

†無根拠に耐えて根拠に近づく

師　君は他律的な生をどうしてそんなにいやがるのかな？　絶対他力で何が悪いのか僕にはわかりかねるね。

弟子　いやがっているのではなくて、近代以後の人は、私もそうなんですが、とっくに他律的な状況に適応するよう強いられてきたと思うんですね。むしろ、自意識が近代に残ってしまっている人たちが普遍みたいなものをまだ信じていて、私たちの地道な営みを嘲笑するのです。

師　君たちの地道な営みというのは、コンピュータと共生することではないのか。僕らもコンピュータを使うが、道具的存在者として関わっているのであって、存在者としては共生できないのだ。

弟子　コンピュータはもう当たり前にあるので、先生のおっしゃるようには強烈に意識しないんです。

師　だから僕はいつも言うのだよ。人間の知性は十八世紀以来間断なく落ち続けている。落ち続けているおかげで、我々は機械と共生できた。君たちはコンピュータと共生している。君たちの孫子の代には、人間の知性はもっと落ちて、人工知能と共生を始めることだろう。その頃には僕はもう消失していて、他の誰かがその場所に代置されている。

弟子　近代の人たちは、普遍を捨てたらすぐ消滅に向かうんですね。

師　そんなことはないよ。もっと姑息な人たちがいて、消失ではなく臨界点に達したのだといって近代の継続を企てようという人がいる。あるいは近代は完成したのだといって、こちら側の普遍を続けようとする人たちもいるよ。

弟子　近代を捨てられない人たちもいるんですね。一方で近代を捨てて消失へ乗り換えた人もいるけれど、そのやり方もまた近代的に見えます。

師　それは僕のことかな？

弟子　まさにそうです。「世界の先見性は消失と代置だ」と思っていらっしゃるのでしょう。とすれば、それが先生の普遍ですよね。

師　そうだね。でもこちら側の普遍ではなくて、向こう側の普遍だよ。こちら側には根拠がない。その無根拠に耐えながら、向こう側の根拠に近づく、あるいは超越する、というのが僕の「生かされる生」という意味だよ。

弟子　でもそうすると、向こう側の根拠は絶えず消失しますよね。

師　そう。だからアリストテレスはシモンという鼻の形の向こうに凹性というエイドスを見た。それが近代に入り、遺伝子になり、DNAになり、そのさらに向こうにiPS細胞があることがわかった。前の根拠はその都度消え、次の根拠に代置されていくだろう。iPS細胞の向こうにはSTAP現象の霧がかかっていて、まだ向こう側は見えない。こちら側の無根拠に耐えながら、絶えず消失する向こう側の根拠を乗り越えて、さらに向こう側の根拠へと迫っていくのだよ。

弟子　それが先生の生きがいですか？

師　そう、学者だからね。

弟子　一般の人はどうするんですか？

師　専業主婦だったら料理の向こう側に近づくとか、スポーツ選手だったら競技の向こう側に超越するとか、するのではないかい？

弟子　競技の向こう側とは、具体的にはどんなことですか？

師　こちら側のマーカーを集めることから始めようか。まず競技には練習以上のものを試合で発揮できる種目と、できない種目がある。器械体操やフィギュア・スケートなどは、練習でできなかったことは試合でもできない。陸上競技やスキージャンプは練習以上の成果を試合であげることができる。前者は根拠へと接近する種目であり、後者は根拠へと超越可能な種目だと言えるだろう。

弟子　よくわからないんですけど。

師　たとえてみれば、iPS細胞の山中伸弥教授は器械体操で、小保方晴子女史は棒高跳びを試みたということだ。

弟子　先生がおっしゃるように、向こう側に近づいたり飛んだりするのは、エネルギーのいる行為だと思うんですよね。自分にエネルギーが足りないときは、どうやって元気を出したらよいのでしょう？

師　こちら側の生きるということのマーカーを総ざらいすればいいんじゃないの？

弟子　そうするとどうなりますか？

師　人間の数だけマーカーがあるということになるよね。そのマーカーを総ざらいするということは、「世のため人のために生きる」ということではないかい？

弟子　具体的にはどういうことですか？

師　毎日君のやっていることだよ。人々のために生きるということさ。自分には根拠がないことは自明なのだから、総ざらいしたマーカーから根拠を探るしかないじゃないか。

弟子　それは、人のためではなくて、自分のためではないですか？

師　そんなことないよ。僕は毎日君のためにいろいろ教えているのであって、僕のためではない。僕は先に死んで消滅してしまうから、自分のためなんて言えないじゃないか。こちら側の根拠が最もないと自覚できるのが自分だ。他人は自分より根拠に近づく可能性が高いかもしれない。だから人間というマーカーを総ざらいすれば、少なくとも自分より有意義な結果を得られるだろう。人のために生きるということはこういうことだよ。

弟子　でもさっきから聞いていると、先生のは哲学ではなくて宗教の説教とか問答みたいですよね。「世のため人のため」って確信を持てているんですか？

師　持てない。持てたら神さまになってしまうよ。つまり向こう側にあらかじめ立ってしまうということになる。

弟子　生きがいというのはどこに持ったらよいんですか？

師　哲学が人生について考え始めるというのは、比較的新しいことなんだよ。近代後期の実存主義からであって、一九二七年のハイデガー『存在と時間』以前には、哲学者が人生についてあれこれ語るという習慣はほとんどの著作の中に見られない。哲学者たちは世界や時間や存在について記述するだけで手いっぱいなのだ。もう近代は終わったのだから、生きがいなんて考えなくてよいのではないかな。

†擬制と虚構

弟子　トンネルを抜けて中世に戻ったということですか？

師　時代が循環するということはないから、近代の苦悩が終わったということだよ。近代はこちら側の普遍という擬制の時代だったから、皆が擬制の意味を探るのに悩んだのだろう。

弟子　苦悩の近代が終わったので、元気が出ますね。近代の擬制って、何か具体的な例がありますか？

師　一番わかりやすいのは、プロレスリングだね。これはいくつかの擬制が絡み合ってできていた。まず第一の擬制は、完全格闘技の擬制だ。身体の大きくて頑丈な選手たちが本気で技をかけ合えば、本当はみんな死んでしまうはずだ。だから死んでしまわないように格闘技を擬制する。

弟子　どんなふうにするんですか？

師　死なないように技を工夫する。まず明らかに死ぬ確率の高い技は、すぐに自主規制で捨てられる。相手の首を抱えてマットにスライディングする、ブルドッギング・ヘッドロックはすぐに廃れた。次に、死ぬべき技を緩和する。コーナーの上からマットに寝た相手に膝頭を落とすニードロップという技があるが、膝頭を落とす前にじつはつま先からマットに降りている。

弟子　第二の擬制はなんですか？

師　試合開催地の人口比率に則って、白人の多い地域では白人が勝ち、有色人種が多い地域や国では有色人種が勝つという、完全人種・優秀民族の擬制だね。どう考えても白人のほうが体格も栄養もよく、技術も優れているのだが、日本に来るとみんな日本のレスラーに負けてしまうのだ。この負け方に無理がない選手が日本で人気を得ることができた。第三に、美的正義の擬制だ。いまはイケメンというが、近代にはハンサムといわれる人々がいた。ハンサムな選手は悪役はやれないので、必ず勝つことになっている。たとえば、ビル・ロビンソンなどというレスラーがいて、ダブルアーム・スープレックスという大して効かない見せ技をする。投げられた悪役は、立ち上がれないという擬制をする。正義は美しく、必ず醜い悪に勝つという第三の擬制だった。見たことがないだろう？

弟子　おばあちゃんが大ファンでした。

師　ところが、このプロレスがもちろん当初からインチキだという声はあったのだが、一九八〇年代からだろうか、その声が次第に大きくなり、一九九〇年代にはもう衰退の過程に入っていた。人々が近代の擬制を許さなくなったのだ。本気で戦う格闘技を欲するようになった結果、擬制が次々と排除されていった。実際に効かない大技が使えなくなった結果、効果のある技を使うと互いに怪我をする。この怪我を避けるために、グラウンドの寝技で接近戦が唯一の格闘になってしまった。当然見栄えがしない。大の大男が寝たままで絡み合うのだから、あくびが出る。

弟子　なぜ人々が擬制に寛容でなくなったのでしょう。

師　大学でも以前は「理性の府」とか、「象牙の塔」とかいう擬制があった。当初からうさんくさい権威的な美称だったのだが、大学院生が一人も来ない研究室の教授でも、その府や塔に連なるのだから非難する者は誰もいなかった。ところがいまではそのような教授は無用の長物のような扱いを受ける。

弟子　他にもありますか？

師　新聞もそうだね。かつては社会の「公器」と呼ばれていたが、本気に主張を発信せよ、というふうになってからは、党派性ばかり前面に出てしまうようになった。

弟子　現実にあった擬制はだんだん本気になっていって、現実になかったコンピュータ・グラフィックスの世界などの虚構はどんどん遊戯的になっていったと言えますか？

師　毎日テレビでやっている芸人たちの馬鹿騒ぎなんか、君たちよく見るの？

弟子　私はよく見ます。

師　あれは一九七〇年代までは三ヶ日にしかやっていなかったのだよ。ものまねとか隠し芸とかバラエティとか、今でも正月のハレのにおいがする。特別な日が擬制から虚構へと移ったのだろう。

2　解説——向こう側へ拡張した世界を生きる

†向こう側と架橋する

我々は肉体としての物体である限り、脚を折れば、大水の後に橋を架けるようにプレートとボルトで土木する。手術とは体の土木であり、死とは、次の者との交代の間隙である。死ねば、代わりの者に代置される。歯がなくなれば偽歯で代わりをさせる。

言いにくいことだが、意味もなく偶然こちら側に生まれてきた私に根拠があろうはずがない。そのようなときに私は公園の樹木の根を見る。公園の木の根を見れば、永遠の時がそこにある。サルトルの小説『嘔吐』のロカンタンは公園のマロニエの根を見て吐き気をもよおしたが、私は吐き気をもよおさない。樹木のこちら側には、我々の「持続」を下支えする時間があることを直観するのである。

我々のこちら側には、我々の根拠はない。いくら探しても意味はないのだ。人間は向こう側から付けられたマーカーの一つに過ぎないのだから、偶然の一つである。しかしこの偶然のマーカーを総ざらいすれば、向こう側の意味に似たものを得ることができるかもしれない。それが人々というマーカーである。「世のため人のために」生きようとすることで、我々は向こう側に意味論で近づくことができる。

あるいは、向こう側の根拠ににじり寄り、向こう側から直観を得、向こう側に超越する。こちら側だけでは普遍は完結しないのだ。こちら側の無根拠に耐えながら、いかに向こう側の根拠に近づくか、その営為が学問というものである。悟性を働かせ、概念形成をしつつ統辞論で近づくことができる。

すでに我々は、「向こう側のために生きる」ことを無自覚でおこなっている。科学で向こう側ににじり寄り、数学で超越し、ビジネスの途中で直観を得る。向こう側をどうやって認識するかという人間の心の働きがグノーシスなのである。

こちら側の世界だけでは、因果律は転変し、普遍と思われていたものも、擬制や虚構であったことがわかり容易に崩れる。こちら側だけの時間認識論や歴史認識論の不毛性は我々から生きる活力を殺ぐことだろう。こちら側と向こう側に架橋し、生きる力を得ること、生きる根拠を探し当てることを私は生きがいにしている。

†「向こう側機関説」

こちら側の世界の予見性は、すべて「消失」である。時間は次々と先件連続消失し、私の「持続」は私が死ねば終わる。

生命とはじつは危ういものである。工事現場の下を歩いていて、鉄骨の落下が「持続」の速さに合致すれば死んでしまう。「不条理だ」などと言う前に即死してしまう。だからこれ以上危うくならないように、人はさまざまな当為のセーフティーネットを張り巡らせる。人は死んでも思い出を人々に残すが、やがてはその記憶も、人々の順々の死により消滅する。こちら側の偶然は偶然として終わる。繰り返すが、偶然にこちら側に生まれてきた私に、こちら側での根拠があろうはずがない。

では、なぜ我々は生きているのかと言えば、向こう側によって生かされているのである。向こう側からのパワーを活動力能として生かし、向こう側に近づくという意志で生きている。ただ、それを自覚していないので、活動力能があらぬ方角にさまよってしまうのである。

こちら側の世界の予見が、ことごとく「消失」であっても、生きるパワーをくれる向こう側をうまく活用して生きよう。そう主張すれば、もうこれは哲学ではなく宗教に一歩踏み込んだということになるかもしれない。でも、まだよくわからないので、しばらくはこれを「機関《オーガン》」として、利用してみる価値はあるだろう。いわば、「向こう側機関説」（the other side-organ theory）とでも、呼ぶべきものである。言うまでもなく、これは美濃部達吉の「天皇機関説」（天皇を機関として利用するものだとして美濃部は弾圧された）のもじりである。

幸いなことにドイツやフランスと異なり、日本では向こう側をこれまで無闇にいじりまわした歴史がない。カントのように目をそむけたり、ヘーゲルのように欺いたり、ニーチェのように殲滅したり、フッサールのように撥ねのけたり、ハイデガーのように略奪したり、サルトルのように怖れ拒んだり、デリダのように冒瀆したり、そういうことは一切しないでスルーしてきた。

これらの向こう側の粗末な扱いは、近代における人間の理性信仰、人間がこちら側だけに関わる因果律、こちら側だけの普遍信仰、それらが必要だった時代の元気の元だった。「我思うゆえに我あり」は、その根拠を問われなかった。むしろそれを土台に、すべての人間に、コギトゆえの理性を保証したのだった。まわりに理性的な人が一人もいなくても、少し変だなと思う程度ですんでいた。
前の著作で私は、この時代を次のように定義したことがある。

モダンな時代というのは、普遍的理性や主体の解放、啓蒙の精神などの普遍性の物語や権威者のコンセンサスを信じ、あるいは総中産階級社会とか、総大学卒のような社会的理想が現実味をもっていた時代。みなが豊かさと人間の尊厳を目標にして、一直線に「筋道」を駆け上っていた時代。政治思想においては社会主義幻想を糧に民主主義の未熟を批判し、大学は知性における中枢たらんとして、普遍的価値の探求に懸命だった時代。それらの時代はすべて終わった。(88)

ここで、「終わった」というのは、「消滅した」という意味である。徹底されて完成したわけではない。臨界点に達した、という意味でもない。単純に時間の先件連続消失に巻き込まれ、消えたのである。つまり、厳ほどには持ちこたえることができなかったということだ。これを完成とか臨界とか言い張れば、明らかに継続の期待を、自己の内奥で持続させていることになる。これは明確に誤りであるから、固着する者はどんどんと世界を見る目が狂ってくることになるだろう。

　この定義を一言で近代主義といえば、近代主義者たちがモダンの「消滅」をこれほどまでに恐れるゆえんは、向こう側の自覚がないため、こちら側だけのニセの普遍を失うとたちまちニヒリズムに陥ってしまうからであろう。

†ドイツ哲学の敗北・イギリス哲学の勝利

　近代主義者の中には、「こちら側だけの普遍」「こちら側だけの因果律」「こちら側だけの歴史認識論」などのドイツ消極哲学の指標を守ろうとして、躍起になる人々がいる。そこで近代の指標を「利益・自由・幸福の追求」などのイギリス哲学の徴表へとすり替えて、その究極であるグローバリズムがいけなかったのだと主張する。その「近代」は臨界点に達した、こちら側だけの普遍に戻ろう、近代はなおも継続する価値があると言い、こちら側に引きこもろうとするのである。

　だが、正確には次のように言わねばならないだろう。ドイツ系の消極哲学が敗北し、その近代的価値観が消滅し、イギリス系の有用性の哲学が勝利した。「利益・自由・幸福の追求」などのイギリス哲学の徴表は引き続き健在である。日本では引きこもりの哲学が終わる過程で近代が終わった。これからのポストモダンの状況下では、ドイツ系では残された積極哲学と、イギリス系の有用性の哲学が有効であろう。

私の言葉で言えば、「向こう側に、にじり寄る」接近法、「直観を得て、超越する」超越法と、「こちら側に付けられた、向こう側からのマーカーを総ざらいし、意味をつかむ」検索エンジン法と、ポストモダンの状況下で有効な三つの方法により、自意識で向こう側の根拠に近づき、向こう側からパワーを得て、活動力能で生きていこう、ということになる。

なぜ近代が終わってしまったかと言えば、それにはいくつかの複合的な理由が考えられるだろう。まず第一に、インターネットの普及により、情報量が厖大に膨れ上がったことで、こちら側の普遍が疑われることになったことである。普遍などには到達できずとも、情報の集合のほうが現実的で、有用性があった。ドイツ系消極哲学の架空の普遍より、イギリス哲学のマーカーの集合体のほうが優れていたのだ。

第二に、インターネットやゲーム機器、3D技術やロボット・アンドロイド開発は、リアル・アイデンティティとヴァーチャル・アイデンティティが必ずしも一致しないことを経験的に教え、人間は絶対的なアイデンティティを持たないことを知らせた。デカルトのコギトすら自意識を語るだけで、我々が存在する理由を指し示すわけではない。

第三に、科学の進歩が、こちら側と向こう側を際立たせたことが挙げられる。不完全性定理、不確定性原理、相対性原理、また、その他の近代において発見されたさまざまなパラドクスは、こちら側にいる私が、すべての理論の揺らぎの元であることを指し示していた。私がいること、あるいは私が自分に言及することで、こちら側の普遍は簡単に壊れてしまう。なぜならば、私の根拠がこちら側にはないからである。

第四に、「近代の理性」が大戦の悲惨を経たことと、第二の地理上の発見により反省され、人類に普遍的なものではないことが明らかになったことである。それは特殊西洋的な概念にすぎなかった。だが、向こう側と架橋することにより、理性は新たな概念を得ることができるかもしれない。しかしそれは、近代の理性とはおおよそ似ても似つかない別物になることとあろう。

第五に、グローバリゼーションの進展により、資本が国境をやすやすと越えていくことを目の当たりにし、資本主義にとって不可欠だと思われていたいくつかの普遍的価値が、じつは普遍でないと明らかになったことである。資本主義は民主主義とは紐帯《ちゅうたい》では結ばれていなかったし、契約概念のない中国やロシアにも資本主義は広がることがわかった。ゆえに、近代を支えていたものの多くが擬制によることが判明した。

第六に、ヘーゲル・マルクスがこちら側に向こう側を含ませた、虚構された歴史認識論や、逆行の因果律などの独断論は人類に多大なる被害を与えた。労働価値説を実践したソビエトは、七四年間の粗放な経済体制の果てに滅んだ。ドイツ観念論の「積極哲学へと膨らんだ消極哲学」は、近代の人々に元気と傲慢を与え、社会主義幻想はユートピアを育んだが、それらはベルリンの壁の崩壊とソビエトの解体により、すべて消滅した。

†日本のポストモダン

これらのうちのいくつかの複合要因により、「生きているという実感のない」人々が、世代的に大量発生していったものと私は見ている。

日本では、バブル前夜の一九八三年に東京ディズニーランドが開業し、バブル経済が八五年あたりから急速に活発化する。一九六〇年代生まれ以降の若者たちの就職は順調だった。テレビでは財テクを煽り、街は享楽の巷と化していく。近代の架空の普遍が作り出していた品格や格調が次々と崩れ、空虚な自分を振り返らないことが当時黙契《もっけい》だった。だが、バブル経済は短く、九〇年代に入ると崩壊が始まる。

八九年にはベルリンの壁が崩れ、九一年にはソビエト連邦が解体するが、この衝撃が伝わったのは一九五〇年代生まれ以上の世代であり、六〇年代生まれ以降にはさして大きな実感を与えなかった。社会主義幻想の影響下にすでにいなかったからである。

六〇年代生まれ以降の回想は、一九九五年から始まる。阪神大震災とオウム真理教の地下鉄サリン事件である。彼らはテレビでオウム真理教の信者たちを見、そこに自分と同じ「生きているという実感のない」人々を認めた。大震災は空虚な自分を守っていた外壁の壊滅であった。日常の必然の仮象は一瞬にして偶然の相貌を露わにしたのである。こちら側に自分が存在するという謎に、彼らは朧気《おぼろげ》ながら気づいた。

以来、こちら側の自分が信じられず、あの世を語る宗教にも首を横に振る。「だって、オウム真理教徒もいまの自分たちとまったく同じだったではないか」、と。こうして、自分探しの時代が本格化する。七〇年代生まれ、八〇年代生まれと下るにつれ、ウェブとネットは彼らが生まれてすぐつかる産湯のように、拡がり（延長、expansion）に近くなり、リアルな世界はさらに遠ざかっていった。

そして、空想の世界に安住できるかもしれないと、期待を膨らませた時期もあった。ところが、仮想現実や霊的世界に自らの根拠があるのではないかという方向性は、まったく誤ったものだった。なぜならば、ヴァーチャルな世界もスピリチュアルな世界も、こちら側に根拠のない人間が築き上げた根拠のない世界だったからである。それは超越に不向きな芸術に似ていた。

だから自意識を疑う必要はない。自意識は超越の核である。デカルトのコギト、「我思うゆえに我あり」は、後半の叙述部分に根拠がないだけであり、「我思う」は、向こう側からのれっきとしたマーカーなのだから使うことができる。この自意識で向こう側の根拠に近づき、その過程で向こう側からパワーを得て、活動力能で生きていくことにより、「生きているという実感のない」自分は動的に、流体的に満たされていく。静的で持続のない自分は、公園の大岩と同じであるが、我々は岩にはなれない。

†近代の遺産

近代が消滅したからと言って、その遺産はもちろんある。リチャード・ドーキンスが『利己的遺伝子』の中で語る、「ミーム」が一部それに該当するだろう。いわゆる「文化遺伝子」とも訳されることのある概念である。

しかし、もしわれわれが世界の文化に何か寄与することができれば、たとえば立派な意見を作り出したり、音楽を作曲したり、発火式プラグを発明したり、詩を書いたりすれば、それらは、われわれの遺伝子が共通の遺伝子プールの中に解消し去ったのちも、長く、変わらずに生き続けるかもしれない。G・C・ウィリアムズが指摘したように、ソクラテスの遺伝子のうち今日の世界に生き残っているものがはたして一つか二つあるのかどうかわからない。しかしだれがそんなことを気にかけるだろうか。ソクラテス、ダ・ヴィンチ、コペルニクス、マルコーニ——彼らのミーム複合体はいまだ健在ではないか(89)。

新登場のスープは、人間の文化というスープである。新登場の自己複製子にも名前が必要だ。文化伝達の単位、あるいは模倣の単位という概念を伝える名詞である。模倣に相当するギリシャ語の語根をとれば〈mimeme〉ということになるが、私のほしいのは、〈ジーン(遺伝子)〉という言葉と発音の似ている単音節の単語だ。そこで、上記のギリシャ語の語根を〈ミーム(meme)〉と縮めてしまうことにする。私の友人の古典学者諸氏には御寛容を乞う次第だ。……なお、この単語は、「クリーム」と同じ韻を踏ませて

発音していただきたい。(90)

ドーキンスは世界文化に寄与するような立派な人類の遺産を、クリーミーなスープのプールのように夢想する。それはそれで、「世のため人のために」貢献しようという、活動力能を高めるので結構なことなのだが、その時点では、将来、人のどのような仕事が世界文化に寄与するかは不分明である。そこで、我々の近代の遺産は、我々の書式にのっとって次のように表現することにしたい。

時間が我々のために空間に残すことを許すのは、前述のように、物に封じ込められた、かつて持続していた者たちの残骸と、持続していた者が物に刻みつけた痕跡との二種類からなっている。遺産を積極的に使うことにより、我々は前の時代を反省し、次の時代を生き抜く素材を得ることができるかもしれない。

第八章

「あの世」と「向こう側」

1　問答⑩——向こう側の霊を祓う

†ニヒルとニヒリズムは違う

弟子　先生、擬制がなくなったならば、あの世もなくなるんですか？

師　先ほどの話からすると、本気で考えるとあの世はなくなるだろうね。

弟子　でもあの世があったほうが落ち着くから、虚構としての有用性はあるのではないですか？

師　そうすると、お彼岸とか特別な日に来ていた霊が毎日来ることになるね。それでいつでも霊にアクセスできるようになるのかな？

弟子　そうですよね。お墓のマンションとか仏壇のアパートはその発想ですよね。

師　本当の霊のことは議論しなくていいのかな？

弟子　死んで戻ってくる人がいるから、あるのではないでしょうか？

師　いや、あれは本当に死んだのではなくて、仮死状態でも脳が活動していて、その脳が見た夢を覚めてから語るので、霊があの世から戻ったように感じるではないか。

弟子　幽霊を見たり、感じたりできる人もいます。霊がいないなんて言えるのでしょうか？

師　イギリス人は超常現象が大好きだ。彼らには妙な癖があって、霊の存在を証明しようとするときには、それに先んじて霊が存在しないことを証明しようとする。それが不成功に終われば、霊が存在するというわけだ。彼らのように霊が存在しないということを証明してみたらどうだい？　失敗すればいることになるだろうから。

弟子　証明した哲学者はいるんですか？

師　いないね。カントは頭からいないと言っているし、ウィトゲンシュタインは考えるだけ無駄だと言っている。

弟子　哲学ではあの世を積極的に語らないんですか？

師　うん、語らない。哲学というのは近代的なものであって、中世の宗教のように向こう側が全部神域になっていないんだ。神域に足を踏み込まないようにして向こう側を語るのが哲学の深い意思だよ。

弟子　神域は語らなくても、向こう側を語る必要があったのはどうしてですか？

師　向こう側が科学の根拠だからだよ。

弟子　科学というのは向こう側の神域を蚕食《さんしょく》していく過程だということですか？

師　そうだね。

弟子　蚕食しきれるんですか？

師　しきれないと思うよ。向こう側へ向こう側へと進んでいるうちに、一瞬にして消滅してしまうかもしれない。

弟子　先生の大好きな「世界の先見性は消滅と代置である」ですね。SFに「パンドラム」という映画があります。地球の消滅が予定されていて、脱出した宇宙船同士が交信し合うんですが、「地球はどうなったか？」という問いへの答えが奇抜でした。「たったいま消滅しました」というんです。

師　向こう側がなくなるとニヒリズムだが、向こう側を否定しなければニヒリズムではない。ただし、日本ではこちら側が限りなくニヒルになっていくような気がするね。

弟子　こちらがニヒルになるというのはどういうことでしょう？

師　向こう側に気づいていない段階で、こちら側を否定しようとするからじゃないの？たとえば、いま人気の有吉弘行さんが「最近ゴミみたいにいますよね、カリスマが」と言う。カリスマとは「向こう側からの賜物」で特殊な人間の能力のことだが、それには気づかない。こちら側の誤用のカリスマをまとめて全否定する。そうするとニヒリズムに似た効果があらわれる。

弟子　向こう側に気づくと、ニヒルではなくなりますね。

師　そう。日本人が普通に思っているニヒリズムというのは、ニヒルなだけであってニヒリズムではないのだよ。向こう側がないからこちら側もないと、ニーチェみたいに言いきってしまうのが本当のニヒリズムだ。

弟子　向こう側がないのなら、神域もないということですね。

師　西洋人はそうなのだが、日本人の場合には向こう側は全部異界になっているのでまだ気づいていない。神域と異界が一緒になっていて、神さまも霊魂も仏さまも妖怪もみんな一緒にそこで遊んでいる。

弟子　それらを全部排除することが科学的だと思っているんですね。

師　そう、そういうことだね。

†向こう側をすっきりさせる

弟子　向こう側にアクセスしやすい人と、しにくい人の天賦の差はあるのでしょうか？

師　明らかにある。秀才はしにくく、天才はしやすい。だから、秀才は「向こう側に、にじり寄る」接近法しかとれない。東大生が典型的だ。

弟子　天才はどうですか。

師　「直観を得て、超越する」超越法が主になる。だから彼は、こちら側の生活が常に鋭敏に震えている。天才はこちら側の火中の栗を拾いながら歩くのでそれと知れる。因果律を壊しながら歩くので、学説墨守の人や熱心な通説擁護者を怒らせてしまうのだ。向こう側をうまく扱えるが、こちら側とスムーズに交渉できない人たちが天才だと言える。

弟子　「こちら側に付けられた、向こう側からのマーカーを総ざらいし、意味をつかむ」検索エンジン法はどうですか。

師　誰にでもできるので、僕はいつもこれを研究方法にしている。四十年間の研究生活のマーカー総ざらいで、つい半年前、一つの模像を得た。

弟子　それはなんなんですか。

師　説明しようとすれば、本一冊分になってしまう。一瞬にして超越したとだけしか、ここでは言えない。それらは、また別の本で書くことにしよう。

弟子　秀才は勉強ができるだけで、こちら側に大量に存在する。天才は向こう側の力を享ける存在だから、大いに違う。日本では向こう側の認知がないので天才は無駄に消費されている。じつにもったいないことだと思います。

師　そうだね。東大生には絶対に天才は担保されていない。私は預言する。

弟子　秀才たちは天才を詐欺師として非難するのではないですか。

師　そうだ。そのため日本では、恐れから秀才を偽装する天才をときどき認める。あちこちに隠れていて、火中の栗を拾わないのだ。あるいは逆に、自分を天才だと思い込み、行く先々でただの悶着を引き起こすニセ天才の秀才もいる。

弟子　どうしてそんなことがわかるんですか。先生は天才ではないんですか。先生が偽装しているのではないんですか。

師　違う。僕にはあらかじめ火中の栗が見えてしまう。僕が得ているのは向こう側の先見性であり、天才の得ているものとは異なる。天才のもつ先見性は彼には無自覚なので、その死後にしか開花しない。

弟子　天才と詐欺師の区別はそのときにはつかない。

師　そうなのだよ。だから向こう側を探りながら、いままでとは別の機構を打ち立てていくという、「機構学」の発想転換が是非とも必要なのだ。天才と詐欺師が同数現れても恐れず、彼らに資本投下する。消極哲学のように、こちら側に機構が縮こまってしまえば、いままでと同様の因果律に従う秀才しか生み出すことはないだろう。秀才たちに天才の仕事を邪魔させない機構が必要なのだ。ポストモダンで活躍するのは近代のエリートたちではない。エリート教育などもはや過去の遺物になっている。

弟子　天才を教育することはできるのでしょうか？

師　できない。彼は常に師を越えてしまうからだ。修業はしなければならないが、資質のほうが先行する。

弟子　「スター・ウォーズ」のジェダイみたいですね。理力《フォース》の光明面《ライトサイド》に仕える騎士たちのことですが。

師　理力とはいい言葉だね。向こう側をすっきりとさせ、ライトサイドにする人たちのことだ。

弟子　日本にジェダイの師みたいな近代の天才はいないんですか。

師　人文社会系しか詳しくないのだが、岡田英弘さん、田川建三さんがいる。加地伸行さんは火中の栗を選んで拾う狷者の天才、中西輝政さんは火中の栗を怖がる心配性の天才だ。

2　解説――哲学者と宗教家の「あの世」

†ウィトゲンシュタインの「バシリスク走法」

すでに、第三章で若干言及したが、ウィトゲンシュタインは、興味深い哲学者の一人である。いま今では、彼は向こう側への対処の新しい考案者として登場してきたと言うことができるだろう。だが、たぶんそれは、当時の彼の自意識にとって無意識だったはずである。彼は、この世の向こう側、集合なので諸「向こう側」と言おう、それを次々と跳び移るという離れ業をやってのけた。水面に足は掛けるが、決して沈みはしない、キリストトカゲ（バシリスク属）のように走り抜けるのである。

例えば「私がその箱を観ていない時、それはなお存在するか」という問への唯一の正しい答は、「もちろんそうだ、誰かがそれを運び去ったり破壊したりしていなければ」というものであろう。哲学者はもとよりこの答に満足しないであろうが、この答は彼の問題提起を全く正当に論破するものである。[91]

これは本書、第一章のバークリの問題提起に答えるものである。バークリによれば、我々が感覚するのは物質の実体ではなく、ゲンニビゼッシンから得られた物質の被膜にすぎない。その向こう側をバークリは物質的実体《マテリアル・サブスタンス》と呼び、永遠にわからないから問うてもムダだ、ないも同じだと言った。ならば、あそこにある箱はバークリが見ているときにだけ存在するのかという問いが生じる。バークリはそれに対して、箱があったことを私はかつて見て知っている。その経験が私に箱の存在を示唆《サジエスチヨン》するのだ、と答えるのである。

このときの立ち位置が、ウィトゲンシュタインでは異なる。バークリでは「私は箱を知覚する」「私は箱を経験する」に立っているのだが、ウィトゲンシュタインのほうは、「箱は物理的に実在する」なのであり、その箱の向こう側に一瞬サッと立ってしまうのである。だから、彼は箱を向こう側から見ていて、誰かが来て箱を運び去ったり、壊したりしなければ、箱はそこに在るのだ、というのである。そして理由づけをする。

「私はxを知覚する」というこれだけの語り方にしても、既に物理的表現方法からとられており、ここでのxは物理的対象——例えば物体——のはずである。この語り方をxが生のままのデータを意味せねばならない現象学で使用するのが既に誤りである。というのもいまや「私」も「知覚する」も初めと同じ意義を持つことが不可能であるから。[92]

世界は物理的言語で語らなければならない。だからバークリのように、経験論をもってきても、物自体の外にいるのでは世界を語ったことにはならない。だから君たちは世界を語れない、と、ウィトゲンシュタインは物の向こう側から諭《さと》すのである。

で、すぐに飛ばないと自分が神になってしまうので、ウィトゲンシュタインはそこに居続けられない。次には「Aが歯痛を持つ」という課題に即移る。そして「痛み」の向こう側に立とうとするのである。

それこそ誰も持たない痛みとはおよそどのようなものなのか。それこそ誰にも属さない痛みとは。[93]

と、向こう側を必死に探すのだが、見つからない。それより前に「私の感覚はこの身体を超えてひろがることは決してない、ということである。これらは注目すべき興味深い事実である[94]」と、言ってしまっている。そこで結論はこうなる。

私が知っている歯の痛みの感覚という現象は、日常言語の表現様式では「これこれの歯に私は痛みを持つ」によって描出されるのであり、「この場所に痛みの感覚がある」といった種の表現による訳ではない。この経験の領域全体は今の言語では「私は……持つ」という形式をした表現によって記述される。「Nは歯痛を持つ」という形式の諸命題は全く別の領域のために取っておかれている。従って「Nは歯痛を持つ」といった諸命題にはじめの仕方で経験と連関するものが発見されないからといって、驚くにはあたらないのである。[95]

「痛み」の向こう側はなかった。私の歯痛は私の身体を超え出ることはない。日常言語では「これこれの歯に私は痛みを持つ」という表現をする。ラッセルとは異なり、ウィトゲンシュタインにとっては、我々の日常言語はそのままで完全に論理的秩序を有する。「私は……持つ」と、言うしかない。「私は……持つ」は、「中田君は歯痛を持つ」という形式の諸命題とは別物である。「この場所に痛みの感覚がある」という、歯痛の向こう側には立てないのだ。だから、「考えることによって経験をいわば延長できると思っている哲学者達は、電話によって話を伝えることはできるがはしかを伝えられないことを考えてみるべきであろう[96]」と、こちら側に戻り、人間はみな同一で、「人間」だという概念に実体があるとする「実念論」に無効を宣言するのである。

ウィトゲンシュタインの主著が「いわゆる哲学書の体裁をなしていない」と言われるのは、この諸「向こう側」を走り抜けるバシリスク走法のためである。一瞬でも、向こう側の立ち位置が維持できれば、こちら側の弱点はすべてお見通しとなる。

ゆえに彼は、「世界の本質に属することを言語は表現できない。……表象可能なことだけを言語は語ることができるのである」[97]、「世界の意義は世界の外になければならない。……世界の中にあるとすれば、これも又偶然的であろうからである。それは世界の外になければならない[98]」と言えるのである。

†ウィトゲンシュタインの「あの世」

向こう側についてのウィトゲンシュタインの立ち位置がわかったので、今度は「あの世」についての考えを見てみよう。キリスト教徒にとって、世界の終末にイエス・キリストが再臨し、死者を甦らせて審判をおこない、天国で永遠の生命を与えられる者と、滅されて地獄に墜ちる者とに分けられるというのが、一般的な考え方だが、この「あの世」のうちの天国が、神さまのいらっしゃるいわゆる神域である。

キリスト教徒の哲学者にとっては、「向こう側」は「神域」と地続きなのであり、本書でバークリについて語った始めから、彼らにとっては一貫してそうである。ウィトゲンシュタインの考えは次のようなものだ。

人間の魂が時間的に不死であること、従って死後も魂が永遠に生き続けること、はいかなる仕方でも保証されていないだけではない。なかんずくこの仮定が、人がいつもこれによって解決したいとすることを、全然果さないのである。私が永遠に生き続けることによって謎が一体解決するとでもいうのか。今度はそもそもこの永遠の生が、現在の生と全く同様に謎めいてはいないのか。時間空間の中での生の謎の解決は時間空間の外にあるのである。……

いかに世界があるかは、より高貴なことにとっては全くどうでもよいことである。神は世界の中に自らを啓示しはしない。……

神秘的なのは世界がいかにあるかではなく、世界があるということなのである。[99]

ウィトゲンシュタインの場合は、「世界は私の意志から独立で」あり、私が死ねば、私にとっての「世界が存在することを止める」のであり、永遠の生については保証されていないし、語り得ないのだから沈黙すべきだ、とするのである。「神を信じるとは、生が意義を持つことをみてとること」だとも言っている。

つまり、「向こう側→神域」はこちら側の世界の時空の外にある。私が死ねば私はどうなるかはわからない。「死は世界の事実ではない」[100]。「こちら側」の世界も神秘的なことになぜかあるのだが、神はこちら側には啓示しないのだから審判はないことになる。神を信じることで私は私の生の意味を知るだけだ、というのである。ウィトゲンシュタインは、ユダヤ系のカトリックなのだが、「あの世」は非常に消極的なものになっている。

ただし、彼の哲学は消極哲学であるとは言えない。彼自身が向こう側に立ってしまうからである。向こう側に立って、彼はこちら側に向かい、「世界の意義は世界の外になければならない」と積極的に宣言するのである。

そして、彼はこちら側に戻ったときには、同一性の否定から世界の対象の総計をも激しく否定する。ジョンやピーターは、自分自身については語れるが、互いについては語れない。いわんや、総計の「人間」について語れるはずがない、というイギリス唯名論の極致である。

消極的なのは、向こう側に立ったときに彼が振り向かないことである。そこは神域であり、明らかに彼は神秘的なものを信じていると言える。その「私」は、より高貴なものにとってはどうでもよいものなのである。

次は逆に、徹底的に向こう側に立ち、積極的に振り向く人を見てみよう。エマヌエル・スウェーデンボルグ（一六八八―一七七二）である。

†スウェーデンボルグの「あの世」

スウェーデンボルグはモンテスキューより一歳年上、ヘーゲルが二歳のときに死んでいるから、ヒューム、カント、ルソーなどと同時代人である。スウェーデンの科学者で、自然科学での業績は多岐を極め、一九一七年には国家に対する工学技術の貢献で爵位を得ている。

スウェーデンボルグでは、神域は宇宙とか天界と称され、「向こう側」とは地続きではない。サルトルと類似である。つまり、「向こう側」と「あの世」とが、地続きの場合は哲学者、地続きでない場合は宗教家と分別してよいように思われる。

スウェーデンボルグの神域は永遠で無限であり、時間と空間を持たない。「空間と時間は自然の特質であつて神的なものの特質ではない（五一）」。「空間と時間は思考を限定し、抽象的観念の本質そのものを破壊せざるをえない（四六）」からである。つまり、自然と神域は別物であり、人間は死によって、「自然的なものを脱ぎ去つて、霊的な状態に入る[101]（四一）」と考える。

神域は、無限の状態であって、無限の時間ではない。彼は「永遠」について考えてみたが、「終わりがない」は感知できたが、「永遠の昔から」が感知できなかった。したがって時間ではなく、永遠の状態だというのである（一六七）。神域での移動は状態の変化であり、距離がないから空間もなく、代わりに状態とその変化がある（一九二）[102]のだ、という。

神域についての彼の言説の特徴は多弁というに尽きるだろう。キリスト教徒の霊魂学《プネウマトロギー》が、総ざらいの検索エンジンのように延々と続く。彼の神域には、当時のドイツ経由の「有機体説」までが混入している[103]。正統派の神学からは大いに逸脱した神学だと言えるだろう。

私はカントと異なり、スウェーデンボルグの著作を大金を払って購入せず、図書館で借りて読んだので、カントのように怒りはしない。霊魂《プネウマ》に形があるなら、拡がりがあるはずだから、空間に満ちて、ぶつかってしまう。空間を満たさないならば拡がりがないはずだから非物質的なはずだ。そんなものが人間の身体のどこに位置できるのか[104]、などとは言わない。霊魂の探求も、探究者の活動力能になるかもしれないからだ。

むしろ次のように言うべきだと心得るのである。我々人間には、「向こう側」も「あの世」もよくわからない。キリスト教徒では、哲学者は「向こう側」と「あの世」が地続きだと見なし、宗教家は「向こう側」には興味を示さず、「あの世」を希望の飛翔のように、

「こちら側」より上方に高く求めようとする。

ならば、「あの世という神域」は、キリスト教徒の西洋人にとっても、このように代案の複数ある擬制的な概念である以上、神域を「向こう側」から一旦切り離し、エポケーすべきである、と。わからない世界をさらに複雑化して迷妄の闇を濃くする必要はないと思われるのである。

人間の心にとって自分の外にある物体は、目の視覚、耳の聴覚、鼻の嗅覚、舌の味覚、体皮の触覚、五つの感覚器によって切り取られたイメージの集合体だ。物自体ではない。心のとらえる物のイメージの集合体はあくまで人間独自のもので、他の動物の切り取る環世界（umwelt）とは異なっている。この人間の環世界を「こちら側」とすれば、物自体には、人間が人間の感覚器では切り取ることのできない、物の別の側面たちの集合体があることになる。これは、物理的世界の実在のことではない。そこには、「我々人間にとっての」という、但し書きが付く。我々人間がおのれの感覚器では切り取れなかった、ファジーなこの世の対象の集合体を「向こう側」（other side）と定義するのである。ヴァーチャル世界の「あちら側」のように人造の世界でもなければ、スピリチュアルな世界のような定義を拒む世界でもない。キリスト教徒との神域とは、すでに切り離された。私は彼らの霊魂学も信じない。「向こう側」は、現実のこの世界に形成可能な概念である。

†向こう側の簡単な応用

たとえば、結婚とは、男性、女性が恋愛では隠されていた、互いの向こう側を知り合う行為であり、知って失望すれば離婚し、知っても許せれば家庭愛になる、と考える。

友情とは、同性の互いによくわかっているはずの向こう側が、じつはよく知らなかったという超越の失敗によって終わる。思い込みが長く続くことをひたすら願う希望でもある。その喜びを日々嚙みしめればよい。

近代の架空の普遍を信じていた頃には、なんでもできる職人の鑑《かがみ》や、「何々しなければならない」という当為の権化や、なんでも知っているはずの秀才、なんでもやってしまう準カリスマがもてはやされていた。人生の限られた時を埋め尽くすように生きる人々もいた。

だが、いまは違う。こちら側だけでは普遍が完結しないことが明らかになり、世界中が妥当な基準や、常識を求めても得られない状況となった。なんでも知ったり、やったり、できたりするはずの人々は消失した。「何々しなければならない」と、年寄りの上司に言われるほど心は重く、胸苦しくなる。

無数の向こう側が分化し、みなが素人になった。ならば一人一人がいろいろな分野に挑み、複数の資格を得ることを考えればよい。ボイラーの向こう側に近づく人、バインダーの向こう側を学ぼうという人、起重機の向こう側を手探りする人々が集まり、チームワークの哲学を持つ。会社が社員の資格取得を支援する体制が必要であろう。

警察官はもはや「聖職」ではない。全国に約三十万人もいれば、毎日一人くらい、その中から犯罪者が出ても不思議ではない。「聖職」の架空の普遍は消えたのである。ならば、チームワークで、「犯罪」の向こう側をみなで探求すればよい。

たとえば、生活安全課では、売春の向こう側を哲学する人、恐喝の行動パターンを類型化する人、ストーカーの犯罪を総ざらいし、人間の執着心の向こう側を探る人など、一人一人がさまざまな分野の探究者になり、探究者たちが日常的にスキルを教え合い、チームワークで犯罪解決に取り組むのである。資格を規格化したり、チームワークの賞を設けたりすることも重要であろう。

しかし建設会社にしても警察署にしても、幹部たちが時代の状況変化に気づかない限り、機構改革は始まらない。だから新しい機構学が必要なのである。「職人になれ」とか、「聖職を自覚しろ」とか、いまだに架空の普遍を叫ぶ、頭の中が近代的な上司ばかりの職場は必ずや衰退すると思ったほうがよい。向こう側の哲学と「向こう側機関説」は、いわばイノベーションの哲学である。かつてホンダの五十ccバイクが、北米のオートバイ市場を破壊し、革新したように、変化はすべての分野で起こり、組織機構の興亡が新しい時代の幕開けを告げることだろう。

†「あの世」はもう要らない

このような時代に「あの世」ほど余計な概念はない。ウィトゲンシュタインの言うように、それで「謎が一体解決するとでもいうのか」、永遠の生という謎が一つ増えるだけではないか。

「あの世」とは生者が死者をまつるために必要な場所であり、死者が生者のままで謎の生をいとなむのに必要な場所ではない。事実、有鬼論地帯の東アジアでは、まつるのに都合がよいように、死者はあの世ではなく、「この世」に居続ける。御飯を食べると観念されるので、子孫は祭祀で御飯を送り続ける。送り続けるために、男系血族が連綿と系譜を連ねることが理想なのだ。これを「孝養」という。御飯で養うからである。ここには謎の死者は一人も居はしない。

儒教では、人は死ぬと霊魂は二つに分かれる。魂魄《こんぱく》である。魂《コン》のほうには雲篇がついているように上に一度上がり、下って位牌につく。魄《ハク》の方は白骨篇がついているように、死体の骨に居すわるのである。だから死体を火葬してはならない。魂の位牌をおくところが、お廟や祠堂であり、魄を残しておくところが墓（土饅頭《どまんじゅう》）である。

歴史上、同族で各地を流浪し、食える土地を転々とするシナや朝鮮の村々にははっきりとした村界がなかった。村八分もない。同じ村民が作物を夜陰に紛れて盗んでしまう。これを見張ることを「看青」という。元来が粗放な村である。移動するので墓は持っていけない。位牌だけを持っていく。だから、墓ではなく、位牌のほうをまつるのが正しい作法（礼）である。そのうち悠久の時がたてば、遠地に残した先祖の墓は、見知らぬ他の一族に鋤《す》かれてしまう。「墓はすかれて田となれり」と、漢詩でよくいう。[105]

インド伝来の大乗仏教は、シナ大陸を通り抜けてくるうちに儒教化してしまった。輪廻転生の仏教では、墓があるはずがない。死者は焼いて河に流して供養する。アジア各地に遺っている仏教の墓は、釈迦の舎利（小骨）を安置したストゥーパ（仏塔）だけだ。そのストゥーパを模して作られた木の板が卒《そ》塔婆《とうば》である。

だが、日本に伝来した仏教は、シナ化し、儒教化したものなので墓があり、位牌がある。家にある仏壇がシナのお廟のミニチュアである。盆栽のように縮小するのが好きな民族なのだ。仏壇にまつった位牌には、毎朝御飯をそなえる。仏教のホトケは飯を食わない。食うのは、儒教の食いしん坊な祖先神だけである。彼らならば、そんなにかわいい高坏《たかつき》に小盛りにではなく、真鍮製の洗面器みたいのに大盛りでよこせ、ということだろう。

他方、日本人は墓のほうは寺にまかせてしまう。これが、東アジアの有鬼論地帯の人々には奇異なのだ。彼らの墓は土饅頭で丘の上にある。あるいは一族で山じゅうを占拠する。だから歴史上、山争いが絶えなかった。隣に他人一族の墓があるなど、彼らには堪えられないことだ。だから、共同墓地は、寡婦や非業の死を遂げた人たちだけの悲愴な場所になっている。

おまけに日本人は近代では火葬をどんどん増やしていった。死体の骨についた魄が焼滅してしまうではないか。「二度殺す気か！」と、彼らは怒った。

こんなわけで、日本人は東アジアの人々とは異なり、現世の「あの世」は仮象である。骨は火葬して寺に預け、家には仏壇に位牌をまつり、毎年迎え火を焚いてホトケの来臨を待つ。こんなのは仏教でもなければ、儒教でもない。死者の魂はどこにいるのか。墓か？

位牌か？　天空の彼方か？　いろいろなのが混じっている。

古事記の「あの世」は最悪である。日本人は元来、神々の住む高天原《たかまのはら》、人々の生きる葦《あし》原《はら》の中《なか》つ国《くに》、死者のいる黄泉《よみ》の国と根の堅州国《かたすくに》、天・地上・地下と世界を垂直にとらえていた。神々はどこにいてもよい。死んでもよいし、この世で神社にいてもよい。天上に帰ってもよい。あちらこちらを往ったり来たりするスセリビメ（宣長は「さすらい姫」の転訛だという）のような神さまもいる。

地下の「あの世」、黄泉の国は、イザナミの神のところで出てくる。イザナミは黄泉の国の飲食をし、住人になったが、その身は「蛆たかれ、とろろぎて[106]」とろけてしまう。根の堅州国にはスサノヲの神が行くが、蛇やムカデや蜂、ネズミがうじゃうじゃいて、スサノヲの頭は、「彼、その御頭《みかしら》をみれば、ムカデ多かり[107]」というありさま。それはスウェーデンボルグの描く、地獄に似ている[108]。ただただ不気味である。日本人が、あの世をさして重要視しなかったことの表れであろう。

「あの世」は生者が死者を偲ぶために必要な場所であり、死者が生者のままで謎の生をいとなむのに適当な場所ではない。これを最もよく実践しているのが日本人という民族である。あの世は墓の地下でも、位牌の周りの空間でも、極楽でも、奈落でも、海の向こうの常世《とこよ》でも、ニライカナイでも、どこでもよい。ただし、日本人の「あの世」は、死者が謎の生を永遠に生きるには不向きな場所であることだけは確かである。

注

プロローグ

（1）本書で用いられる「グノーシス」の語は、キリスト教グノーシスとは関係がない。キリスト教グノーシスは、パウロ書簡を結集したマルキオンからいわゆる正典に流入し、パウロの「我々はこの世の霊（プネウマ）を受けたのではなく、神から出た霊を受けたのだ」（第一コリントス、2－12）に象徴されるように、神性を人間にあらかじめ内在させるのである。これは、パウロ教重視のドイツ・プロテスタントからさらにヘーゲル（第二章注15、ヘーゲル『美学講義』引用文を参照）へと貫流する。本書では、この擬制は採らない。

I　向こう側をめぐる西洋哲学史

（2）バークリ『ハイラスとフィロナスの三つの対話』戸田剛文訳、岩波文庫、二〇〇八年、九八頁。「例えば、馬車が道を通っていくのを聞くとき、……本当に、そして厳密にはね、音以外の何も聞かれることがないのは明らかでしょう。それで、馬車は、感官によって固有に知覚されるのではなく、経験によって示唆されるのですよ」。

（3）デイヴィッド・ヒューム『人間本性論』第一巻「知性について」、木曾好能訳、法政大学出版局、一九九五年、二四四―二四五頁。

（4）カント『カント全集』第六巻「プロレゴメナ」、湯本和男訳、理想社、一九七三年、二六五―二六六頁。

（5）カント『カント全集』第四巻「純粋理性批判（上）」、原佑訳、理想社、一九六六年、三六〇頁。

（6）同右、一七八頁。

（7）同右、一五九頁。

(8) トマス・ホッブズ『哲学原論——自然法および国家法の原理』伊藤宏之・渡部秀和訳、柏書房、二〇一二年、「『自然界の出来事 rerum natura』には普遍的なものはない」一一六六頁。

(9) ロックの機械論的哲学によれば、物質は観察不可能な粒子により構成されるが、われわれはその質的現象は認識できる。それを「第一次性質 (primary qualities) 固さ・延長 (拡がりのこと)・形態・運動」と、「第二次性質 (second qualities) 色・味・音声・熱さ・感触」にわけた。バークリは、実在なのは形体的実体であり、物質的実体はないも同じであるとし、ロックの一次的性質、二次的性質の区別を解消した。

(10)『ドイツ・ロマン派全集』第十一巻「ジャン・パウル——クライスト」、岩田行一・種村季弘・金子英雄訳、国書刊行会、一九九〇年、三五四—三五五頁。

(11)『カント全集』第七巻「実践理性批判」深作守文訳、理想社、一九六五年、一七七頁。

(12) 同右、二〇二頁。

(13) ヘーゲル『美学講義』上巻、長谷川宏訳、作品社、一九九五年、六二頁。

(14) シュライエルマッハー『宗教論——宗教を軽んずる教養人への講話』高橋英夫訳、筑摩叢書、一九九一年、一一五頁。

(15) ヘーゲル前掲書、三四頁。プロローグ注 (1) 参照。

(16) ヘーゲル『法哲学講義』、長谷川宏訳、作品社、二〇〇〇年、六〇五頁。

(17) カント『道徳形而上学原論』篠田英雄訳、岩波文庫、一九七六年、一七二頁。

(18) 同右、一七三頁。

(19) J・ベンタム『民事および刑事立法論』長谷川正安訳、勁草書房、一九九八年、一〇一頁。

(20) 同右、九五頁。

(21) E・フッサール『現象学の理念』長谷川宏訳、作品社、一九九七年、七三頁。

(22) シェリング『シェリング著作集5b』「啓示の哲学」諸岡道比古編、燈影舎、二〇〇七年、九八頁。

(23) ショーペンハウアー『意志と表象としての世界Ⅱ』西尾幹二訳、中公クラシックス、二〇〇四年、二四三頁。

(24) フッサール『イデーンI―II』渡辺二郎訳、みすず書房、一九八四年、一〇八―一〇九頁。
(25) 同右、一〇九頁。
(26) 同右、二二六頁。
(27) エドムント・フッサール『内的時間意識の現象学』立松弘孝訳、みすず書房、一九七七年、二一〇頁。
(28) 『世界の名著74』「ハイデガー」原佑責任編集、中公バックス、一九八〇年、三〇九頁。
(29) 同右、三七七頁。
(30) 同右、三七一頁。
(31) 同右、五六六頁。
(32) 同右、三四五頁。
(33) ヘーゲル『精神現象学』長谷川宏訳、作品社、一九九八年、一二六―一二七頁。
(34) 『世界の名著74』「ハイデガー」原佑責任編集、中公バックス、五九三頁。
(35) バートランド・ラッセル『怠惰への讃歌』堀秀彦・柿村峻訳、平凡社ライブラリー、二〇〇九年、九五―九六頁。
(36) エドムント・フッサール『内的時間意識の現象学』立松弘孝訳、みすず書房、一九六七年、一五六頁。
(37) 同右、七〇頁。
(38) バートランド・ラッセル『西洋哲学史3』市井三郎訳、一九七二年、六五〇頁。
(39) 同右、六五八―六五九頁。
(40) 『ウィトゲンシュタイン全集1』「論理哲学論考他」奥雅博訳、大修館書店、一九七五年、七二頁。
(41) 同右全集2「哲学的考察」奥雅博訳、大修館書店、一九七八年、七二頁。
(42) フリードリヒ・ニーチェ『権力への意志　下』ニーチェ全集13、原佑訳、ちくま学芸文庫、一九九三年、一二四頁。
(43) 同右、一三二頁。

(44) ジル・ドゥルーズ『ニーチェ』湯浅博雄訳、ちくま学芸文庫、一九九八年、三三頁。
(45) ニーチェ『善悪の彼岸』木場深定訳、岩波文庫、二〇一〇年、八九頁。
(46) 同右、一五三頁。
(47) 同右、一八七頁。
(48) 同右、二二九頁。
(49) 同右、二三九頁。
(50) 同右、二八二頁。
(51) 同右、二八七頁。
(52) 同右、二八九頁。
(53) 同右、九六頁。
(54) フリードリッヒ・ニーチェ『権力への意志　上』ニーチェ全集12、原佑訳、ちくま学芸文庫、三五六頁。
(55) ニーチェ前掲書、同下巻、二七頁。
(56) 同右、三八七、五三一頁。
(57) ウィリアム・ダガン『戦略は直観に従う』杉本希子・津田夏樹訳、東洋経済新報社、二〇一〇年、一六二頁。
(58) シェリング前掲書、九五—九六頁。
(59) 同右、九二頁。
(60) S・フィッシュ『このクラスにテクストはありますか——解釈共同体の権威3』小林昌夫訳、みすず書房、一九九二年、一六〇頁。
(61) サルトル『存在と無Ⅰ』サルトル全集第十八巻、松浪信三郎訳、人文書院、一九五六年、一一一—一一二頁。
(62) 同右、一〇八頁。
(63) 同右、一八〇頁。
(64) 同右、一五一頁。

(65) 同右、二四四頁。
(66) 同右、二四四頁。
(67) サルトル『存在と無Ⅲ』サルトル全集第二十巻、一九六〇年、一一七頁。
(68)「哲学では矛盾があって困るということはなく、概念は内部で対立し、みずからを解体していかねばなりません」(ヘーゲル『法哲学講義』長谷川宏訳、作品社、二〇〇〇年、一九四頁)。なお、ヘーゲルのいう「概念」とは、「なにかを頭に思いうかべるとき、思いうかべられたものが概念」(同、一〇三頁) である。
(69) サルトル前掲書、同Ⅲ、四二七―四三二頁。
(70) サルトル前掲書、同Ⅰ、一三八頁。
(71) サルトル前掲書、同Ⅲ、四二九―四三〇頁。
(72) 同右、四三〇頁。
(73) 同右、三六五頁。
(74)『福田恆存全集』第四巻「個人主義からの逃避」、文藝春秋、一九八七年、二〇六頁。
(75) ベルクソン『思想と動くもの』河野与一訳、岩波文庫、一九九八年、二四五頁。
(76) デリダ『哲学の余白 (上)』高橋允昭・藤本一勇訳、法政大学出版局、二〇〇七年、一七頁。
(77) 同右、「差延」五六頁。
(78) フィッシュ前掲書、四三頁。

Ⅱ 「向こう側」と「あの世」の思想

(79)『新訳ベルクソン全集2』「物質と記憶」竹内信夫訳、白水社、二〇一一年、二八一頁。
(80) 大森荘蔵『時は流れず』青土社、一九九六年、七九頁。
(81) ベルクソン『思想と動くもの』河野与一訳、岩波文庫、二〇〇九年、二九〇頁。
(82)『世界の名著74』「ハイデガー」原佑責任編集、中公バックス、一九八〇年、五七二頁。

(83) ベルクソン前掲書、全集2、二四八頁。
(84) たとえば私は、日韓共同研究フォーラムの研究成果として、「李朝後期の砕かれたる「民意」──王族・外戚関連の山訴事件における王の裁決を中心に」（朴忠錫・渡辺浩編『国家理念と対外認識 17―19世紀』慶應義塾大学出版会、二〇〇一年）という、李朝時代の王族や外戚の民衆との山争い（＝墓地争い）の論文を書いたことがある。李氏朝鮮の前近代の不法かつ紊乱した社会相を記述したのだが、当時近代化に邁進する韓国の学界に還元されることは遂になかった。
(85) ヘーゲル『歴史哲学講義（上）』長谷川宏訳、岩波文庫、一九九四年、一三六―一三七頁。
(86) 同右、三〇頁。
(87) 有鬼論の鬼とは「鬼神」のことであり、漢語を訳せば、霊魂や魂魄のことである。鬼神は祖先神から民間のご利益神、飢えてさまよう厲鬼をも含めて、すべてこちら側にいると観念される。天上界は宮廷や官界に擬され、その最末端に加わる自己の祖先神のために、紙銭を焚いて送り、これを上への賄賂とする風習を漢民族はもつ。朝鮮民族では紙銭（チッチョン）は巫女の御幣で代用され、焚かれない。また、ご利益がないと容易に他の鬼神に尊崇対象を替えるという傾向をもつ。これらの地帯は、道教などの類似宗教を有するが、向こう側の神的存在をことごとく欠いているため、歴史的にグノーシスは生じなかった。
(88) 古田博司『日本文明圏の覚醒』筑摩書房、二〇一〇年、九五頁。
(89) リチャード・ドーキンス『利己的な遺伝子』日高敏隆他訳、紀伊國屋書店、一九九一年、三一九頁。
(90) 同右、三〇六頁。
(91) 『ウィトゲンシュタイン全集2』「哲学的考察」奥雅博訳、大修館書店、一九七八年、一〇四頁。
(92) 同右、一〇五頁。
(93) 同右、一一三頁。
(94) 同右、一〇一頁。
(95) 同右、一一四頁。余計なことだが、「だからといって、驚くにはあたらないのである」という表現は、ラッセルの口癖に似ている。
(96) 同右、一一四頁。後期後半の「哲学探究」では、不可識別者どうしの同一性の定義は、不可識別者の同一性が論理的な必然性をもった原理ではなく、世界の偶然的な特徴であるとして、一層激しく拒絶される。『ウィトゲンシュタイン全集8』「哲学探究」藤本隆志訳、大修館書店、一九七六年、二〇三、二二一頁、参照。
(97) 『ウィトゲンシュタイン全集2』、九八頁。
(98) 『ウィトゲンシュタイン全集1』「論理哲学論考他」奥雅博訳、大修館書店、一九七五年、一一六頁。
(99) 同右、一一八頁。
(100) ここまでの四カ所の引用は、同右、「草稿一九一四―一九一六」二五四―二五七頁。
(101) ここまでの三カ所の引用は、イマヌエル・スエデンボルグ『神の摂理』柳瀬芳意訳、静思社、一九六一年。数字は、項目番号。
(102) ここまでの二か所の項目番号は、エマヌエル・スヴェーデンボルイ『天界と地獄』原典訳、スヴェーデンボルイ原典翻訳委員会、アルカナ出版、一九八五年。
(103) 同右、項目番号六三、四九頁。スウェーデンボルグは、神域を人体に比すのである。「有機体説」については、拙書『東アジア・イデオロギーを超えて』新書館、二〇〇三年、一七二頁参照。
(104) 『カント全集3――前批判期論集Ⅲ』福谷茂他訳、「視霊者の夢」植村恒一郎訳、岩波書店、二〇〇一年、二三〇、二三六、二四〇、二四四頁。なおカントが購入したのは、スウェーデンボルグの『天界の秘儀』(一九四九―五六)である。
(105) 歴史的な事態は恐らく逆であっただろう。まず同族で移動し、村をつくる。村で死んだ人を埋葬する。また移動する。そのとき柩を持って行けない。柩の骨に残る霊魂の一部を木片に憑ける。その木主《ぼくしゅ》(位牌)を持って移動する。霊魂を二分するようになる。
(106) 本居宣長『古事記伝(二)』倉野憲治校訂、岩波文庫、一九四一年、五頁。
(107) 同右(三)、一九四二年、九九頁。

(108) イマヌエル・スエデンボルグ前掲書、『神の摂理』三六頁。エマヌエル・スヴェーデンボルイ前掲書、『天界と地獄』三八三頁。地獄は腐敗、悪臭の場として描かれている。

参考文献

Ⅰ　向こう側をめぐる西洋哲学史

ユクスキュル、クリサート『生物から見た世界』日高敏隆・羽田節子訳、岩波文庫、二〇〇五年
高橋昌一郎『ゲーデルの哲学――不完全性定理と神の存在論』講談社現代新書、一九九九年
チェーホフ『六号病棟・退屈な話　他五篇』松下裕訳、岩波文庫、二〇〇九年
『ヘルメス文書』荒井献＋柴田有訳、朝日出版社、一九八〇年
ベルクソン『新訳ベルクソン全集2』「物質と記憶」竹内信夫訳、白水社、二〇一一年
ショーペンハウアー『意志と表象としての世界Ⅰ』西尾幹二訳、中公クラシックス、二〇〇四年
エルンスト・マッハ『感覚の分析』須藤吾之助・廣松渉訳、法政大学出版局、一九七一年
バークリ『人知原理論』大槻春彦訳、岩波文庫、一九五八年
カント『カント全集』第八巻「判断力批判」原佑訳、理想社、一九六五年
スピノザ『エティカ』工藤喜作・斎藤博訳、中公クラシックス、二〇〇七年
西垣通『デジタル・ナルシス――情報科学パイオニアたちの欲望』岩波現代文庫、二〇〇八年
掛谷英紀『学者のウソ』ソフトバンク新書、二〇〇七年
村上隆『芸術起業論』幻冬舎、二〇〇六年
酒井潔『自我の哲学史』講談社現代新書、二〇〇五年
ジャンバッティスタ・ヴィーコ『イタリア人の太古の知恵』上村忠男訳、法政大学出版局、一九八八年
ヘーゲル『ヘーゲル全集6ａ』「大論理学　上巻の一」武市健人訳、岩波書店、一九五六年

中島義道『人生に生きる価値はない』新潮文庫、二〇一一年
アラン・ソーカル、ジャン・ブリクモン『「知」の欺瞞――ポストモダン思想における科学の濫用』田崎晴明・大野克嗣・堀茂樹訳、岩波現代文庫、二〇一二年
高橋哲哉『靖国問題』ちくま新書、二〇〇五年
内田樹『日本辺境論』新潮新書、二〇〇九年
與那覇潤『中国化する日本』文藝春秋、二〇一一年
孫崎享『戦後史の正体』創元社、二〇一二年
ロバート・クーパー『国家の崩壊――新リベラル帝国主義と世界秩序』北沢格訳、日本経済新聞出版社、二〇〇八年
デリダ『根源の彼方に――グラマトロジーについて（上・下）』、足立和浩訳、現代思潮社、一九七六・一九七七年
仲正昌樹『集中講義！　日本の現代思想――ポストモダンとは何だったのか』NHKブックス、二〇〇六年
フランソワ・キュセ『フレンチ・セオリー』桑田光平・鈴木哲平・畠山達・本田貴久訳、NTT出版、二〇一〇年

Ⅱ 「向こう側」と「あの世」の思想

三枝充悳『中論――縁起・空・中の思想（上）』レグルス文庫、第三文明社、一九八四年
中島義道『時間論』ちくま学芸文庫、二〇〇二年
佐伯啓思『文明的野蛮の時代』NTT出版、二〇一三年
佐藤優『はじめての宗教論　右巻――見えない世界の逆襲』NHK出版、生活人新書、二〇〇九年
三浦清宏『イギリスの霧の中へ――心霊体験紀行』中公文庫、一九八九年

おわりに

本書ほど出版までに手間取った自著を私は知らない。おそらく時代の変動の渦の中に巻き込まれ、もみくちゃになってしまったのだろう。

まず問答の②から⑦がおこなわれた。これが二〇一二年の前半期のことであった。筆者の勤務校筑波大学大学院の院生、国際公共政策専攻博士課程の加納敦子君（当時二十五歳）と実際に対話した内容を一言一言、パソコンのワードに刻み付けるように打ち込んでいった。私はいまの若者に、我々老年の者にはない別の能力があることを認めていたので、それを引き出しながら次の時代に架橋していきたいと思ったのである。

目的はほぼ達して原稿になったが掲載誌がない。内容は日本の哲学学徒たちの常識を大きく外れるものであるから、編集者は哲学の知識をある程度もつ上に、良い意味でのケレンミがないと反応できないのである。

加えて若い人との問答を世に問いたいという思惑があったため、いまでは毎月の発行部数が五千から一万ほどしかない旧左派雑誌では話にならない。新聞紙上では、すでに崩壊した日本の論壇が雑誌にて継続中との擬制に余念がないが、書き手の毎回の戸惑いを見て取れば、彼らの論壇がすでにないことは明白であろう。

幸い反応してくれる編集者が雑誌『正論』にいた。神戸大学哲学科出身の小島新一氏(現『正論』編集長)だった。一応保守派の雑誌であるから保守的な枕を振らないと社内の合意が取れない。そこでそのような枕を振り、ようやく問答の②から⑦が掲載されたのが同年の五月号・六月号で、二回に分けて掲載された。

興味をもって反応してくれたのは、加地伸行氏、渡辺浩氏、宮崎哲弥氏、ヴルピッタ・ロマノ氏などだと筆者の耳に評が届く。ネットでも何人かのブロガーが反応を示した。これに勇気を得て本にすることにしたが、またしても出版社が見つからない。

ようやく応じてくれたのが、神田の飲み屋で会った集英社のビジネス部門の編集者だったが、ビジネスマンが読めるようにしてほしいという。筆者としてはこれは渡りに船だった。社会で活躍しているビジネスマンたちが、直観と超越で自信をもって新しい分野を開拓してくれたらどんなにうれしいだろうか。

ところがである。何十年間も「理性の府」などという擬制のぬるま湯に浸かってきた筆者にはビジネスのことがよくわからない。そこでネットで同好の士を探すことにした。銀行系コンサル会社出身、一橋大学卒、米国の工科大学でMBAを取得、経営コンサル会社ケン・マネジメント代表の佐藤けんいち氏が浮かんだ。早速手紙を出すと、著書『人生を変えるアタマの引き出しの増やし方』（こう書房、二〇一二年）が届いた。

読むと、私の意図にぴったりだったので、氏にコーチを頼むことにする。二つ返事で引き受けてくれて、原稿を書くたびに佐藤氏に送り、ビジネス・マネジメント学の指南を受けた。氏は天性のコーチというべき人で、本書の多くが氏の補助からなっている。氏には深く感謝したい。

こうして本書は、二〇一三年の前半期にはほぼ脱稿していたのだが、あいにく当該の編集長が定年になってしまい、原稿は宙に浮いたのであった。集英社社内には、他に哲学の有用性に気づく人はいなかった。文芸畑の後継編集長から断りの返事をもらった。

晩年になってこれほどまでに出版で苦労するとは考えてもみなかったことである。なぜならば、新聞や雑誌に寄稿し、まとまったものを本にして世に問うというのが私の変わらざる希望であり、そのために若い頃からずいぶんと営業をしてきたからである。大学教授はすべからく営業すべしが信条であったが、同年輩の編集者が次々と定年となり会社を去っていくと、営業基盤がたちまち崩壊してしまった。

原稿はそのままで、ちょうど選挙で選ばれて大学院の末端行政職、国際公共政策専攻長になったため、校務に専心する二年間を過ごした。私などを選ぶこと自体、大学が危機であることがよくわかると思う。文字通りのサバイバルの日々で、サバイバルに失敗した経済学と法学の大学院専攻はうちの大学では平成二十七年度廃止となる凄まじさであった。このサバイバルは国立大学から私立大学へと速やかに波及することであろう。

職務を解かれたのが今年、二〇一四年の四月だった。やっと原稿の引き取り手が見つかった。かつて三浦雅士氏が編集長だった頃、新書館の『大航海』誌を編集していた松田健氏（現「ちくま新書」副編集長）が、筑摩書房に移り新書を担当していた。氏とは、かつて『東アジア・イデオロギーを超えて』（新書館、二〇〇三年）で、共に「読売・吉野作造賞」を取った仲である。

さて今度は、ビジネス書仕立てでつくった本を新書仕立てにつくり替えなければならない。こんなに年を取ってしまった晩年、私はいったい何をやっているのだろうか。サバイバルに決まっているではないか。と、勇を鼓す。

問答の⑧から⑩を加納敦子君と再び始めた。もう二年もたっているので、加納君も博士課程前期を終えて後期に進んでいた。前ほど従順ではない。私に挑んでくる気概をもっているので、読者にはこちらの問答のほうがずっと面白いかもしれない。ちなみに問答①と解説は、松田健氏が支援してくれて、私の他の原稿から起こしてくれた。氏は著者に徹底的に寄り添うタイプの編集者で、語り部的な資質をもっている。最後に再び氏に巡り合ったことは、本書の幸せであった。

以上のように本書は、弟子・ケレン師・コーチ・語り部、その他もろもろの資質をもつ人々に助けられ、グローバリゼーションの一角で揉まれながら紆余曲折の果てに成った。書物というものの向こう側の根拠をこれからも問うていきたいと思っている。

二〇一四年七月一日

喬木記す

ちくま新書
1083

ヨーロッパ思想《しそう》を読《よ》み解《と》く
——何《なに》が近代《きんだい》科《か》学《がく》を生《う》んだか

二〇一四年八月一〇日　第一刷発行

著者　古田博司（ふるた・ひろし）

発行者　熊沢敏之

発行所　株式会社 筑摩書房
東京都台東区蔵前二-五-三　郵便番号一一一-八七五五
振替〇〇一六〇-八-四一二三

装幀者　間村俊一

印刷・製本　株式会社 精興社

乱丁・落丁本の場合は、左記宛にご送付下さい。
送料小社負担でお取り替えいたします。
ご注文・お問い合わせも左記へお願いいたします。
〒三三一-八五〇七　さいたま市北区櫛引町二-六〇四
筑摩書房サービスセンター　電話〇四八-六五一-〇〇五三

ISBN978-4-480-06793-7 C0210

ちくま新書

901 ギリシア哲学入門 岩田靖夫

「いかに生きるべきか」という問題は一個人の幸福から「正義」への問いとなり、共同体＝国家像の検討へつながる。ギリシア哲学を通してこの根源的なテーマに迫る。

1060 哲学入門 戸田山和久

言葉の意味とは何か。私たちは自由意志をもつのか。人生に意味はあるか……こうした哲学の中心問題を科学が明らかにした世界像の中で考え抜く、常識破りの入門書。

482 哲学マップ 貫成人

難解かつ広大な「哲学」の世界に踏み込むにはどうしても地図が必要だ。各思想のエッセンスと思想間のつながりを押さえて古今東西の思索を鮮やかに一望する。

545 哲学思考トレーニング 伊勢田哲治

哲学って素人には役立たず？　否、そこは使える知のツールの宝庫。屁理屈や権威にだまされず、筋の通った思考を自分の頭で一段ずつ積み上げてゆく技法を完全伝授！

666 高校生のための哲学入門 長谷川宏

どんなふうにして私たちの社会はここまできたのか。「知」の在り処はどこか。ヘーゲルの翻訳で知られる著者が、自身の思考の軌跡を踏まえて書き下ろす待望の書。

944 分析哲学講義 青山拓央

現代哲学の全領域に浸透した「分析哲学」。言語のはたらきの分析を通じて世界の仕組みを解き明かすその手法は切れ味抜群だ。哲学史上の優れた議論を素材に説く！

964 科学哲学講義 森田邦久

科学的知識の確実性が問われている今こそ、科学の正しさを支えるものは何かを、根源から問い直さねばならない！　気鋭の若手研究者による科学哲学入門書の決定版。

ちくま新書

1045
思考実験
——世界と哲学をつなぐ75問
岡本裕一朗
「考える」ための最良の問題を用意しました！　古典的な哲学の難問や複雑な現代を象徴する事件を思考することで、一皮むけた議論ができるようになる。

1076
感情とは何か
——プラトンからアーレントまで
清水真木
「感情」の本質とは何か？　感情をめぐる哲学的言説の系譜を整理し、それぞれの細部を精神史の文脈に置きなおす。哲学史の新たな読みを果敢に試みる感情の存在論。

564
よく生きる
岩田靖夫
「よく生きる」という理想は、時代や地域、民族、文化、そして宗教の違いを超えて、人々に迫る。東西の哲学や宗教をめぐり、考え、今日の課題に応答する。

695
哲学の誤読
——入試現代文で哲学する！
入不二基義
哲学の文章を、答えを安易に求めるのではなく、思考の対話を重ねるように読み解いてみよう。入試問題の哲学文を「誤読」に着目しながら精読するユニークな入門書。

740
カントの読み方
中島義道
超有名な哲学者カントは、翻訳以前にそもそも原文も難しい。カントをしつこく研究してきた著者が『純粋理性批判』を例に、初心者でも読み解ける方法を提案する。

832
わかりやすいはわかりにくい？
——臨床哲学講座
鷲田清一
人はなぜわかりやすい論理に流され、思い通りにゆかず苛立つのか——常識とは異なる角度から哲学的に物事を見る方法をレッスンし、自らの言葉で考える力を養う。

866
日本語の哲学へ
長谷川三千子
言葉は、哲学の中身を方向づける働きを持っている。和辻哲郎の問いを糸口にパルメニデス、デカルト、ハイデッガーなどを参照し、「日本語の哲学」の可能性をさぐる。

ちくま新書

907 **正義論の名著** 中山元

古代から現代まで「正義」は思想史上最大のテーマのひとつでありつづけている。プラトンからサンデルに至る主要な思想のエッセンスを網羅し今日の課題に応える。

967 **功利主義入門** ——はじめての倫理学 児玉聡

「よりよい生き方のために常識やルールをきちんと考えなおす」技術としての倫理学において「功利主義」は最有力のツールである。自分で考える人のための入門書。

469 **公共哲学とは何か** 山脇直司

滅私奉公の世に逆戻りすることなく私たちの社会に公共性を取り戻すことは可能か？ 個人を活かしながら公共性を開花させる道筋を根源から問う知の実践への招待。

1000 **生権力の思想** ——事件から読み解く現代社会の転換 大澤真幸

我々の生を取り巻く不可視の権力のメカニズムとはいかなるものか。ユダヤ人虐殺やオウム、宮崎勤の犯罪など象徴的事象から、現代における知の転換を読み解く。

1039 **社会契約論** ——ホッブズ、ヒューム、ルソー、ロールズ 重田園江

この社会の起源には何があったのか。ホッブズ、ヒューム、ルソー、ロールズの議論を精密かつ大胆に読みなおし、近代の中心的思想を今に蘇らせる清冽な入門書！

1017 **ナショナリズムの復権** 先崎彰容

現代人の精神構造は、ナショナリズムとは無縁たりえない。アーレント、吉本隆明、江藤淳、丸山眞男らの名著から国家とは何かを考え、戦後日本の精神史を読み解く。

1079 **入門 老荘思想** 湯浅邦弘

俗世の常識や価値観から我々を解き放とうとする「老子」と「荘子」の思想。新発見の資料を踏まえてその教えをじっくり読み、謎に包まれた思想をいま解き明かす。

ちくま新書

261 **カルチュラル・スタディーズ入門**
上野俊哉／毛利嘉孝
サブカルチャー、メディア、ジェンダー、エスニシティ、ポストコロニアリズムなどの研究を通してカルチュラル・スタディーズが目指すものは何か。実践的入門書。

393 **現象学は〈思考の原理〉である**
——シリーズ・人間学③
竹田青嗣
人間とは何か、社会とは何か。現象学はこの問いを根本から解明する思考の原理だ！ 現象学の方法から言語、身体までその本質を論じ、現象学の可能性を指し示す。

432 **「不自由」論**
——「何でも自己決定」の限界
仲正昌樹
「人間は自由だ」という考えが暴走したとき、ナチズムやマイノリティ問題が生まれる——。逆説に満ちたこの問題を解きほぐし、21世紀のあるべき倫理を探究する。

680 **自由とは何か**
——監視社会と「個人」の消滅
大屋雄裕
快適で安心な監視社会で「自由」に行動しても、それはあらかじめ制約された「自由」でしかないかもしれない。「自由」という、古典的かつ重要な概念を問い直す。

805 **12歳からの現代思想**
岡本裕一朗
この社会や人間の未来を考えるとき、「現代思想」はさまざまな手がかりを与えてくれる。子どもも大人も知っておきたい8つのテーマを、明快かつ縦横に解説する。

819 **社会思想史を学ぶ**
山脇直司
社会思想史とは、現代を知り未来を見通すための、過去の思想との対話である。近代啓蒙主義からポストモダニズムまで、その核心と限界が丸ごとわかる入門書決定版。

852 **ポストモダンの共産主義**
——はじめは悲劇として、二度めは笑劇として
スラヴォイ・ジジェク／栗原百代訳
9・11と金融崩壊でくり返された、グローバル危機という掛け声に騙されるな——闘う思想家が混迷の時代を分析、資本主義の虚妄を暴き、真の変革への可能性を問う。

ちくま新書

1019
近代中国史
岡本隆司
中国とは何か？　その原理を解く鍵は、近代史に隠されている。グローバル経済の奔流が渦巻きはじめた時代から、激動の歴史を構造的にとらえなおす。

1080
「反日」中国の文明史
平野聡
文明への誇り、日本という脅威、社会主義と改革開放、矛盾した主張と強硬な姿勢……。驕る大国の本質を悠久の歴史に探り、問題のありかと日本の指針を示す。

1082
第一次世界大戦
木村靖二
第一次世界大戦こそは、国際体制の変化、女性の社会進出、福祉国家化などをもたらした現代史の画期である。戦史的経過と社会的変遷の両面からたどる入門書。

654
歴史学の名著30
山内昌之
世界と日本を知るには歴史書を読むのが良い。とはいえ古典・大著は敷居が高い。そんな現代人のために古今東西の名著から第一人者が精選した、魅惑のブックガイド。

932
ヒトラーの側近たち
大澤武男
ナチスの屋台骨である側近たち。ゲーリング、ヘス、ゲッベルス、ヒムラー……。独裁者の支配妄想を実現、ときに強化した彼らは、なぜ、どこで間違ったのか。

935
ソ連史
松戸清裕
二〇世紀に巨大な存在感を持ったソ連。「冷戦の敗者」「全体主義国家」の印象で語られがちなこの国の内実を丁寧にたどり、歴史の中での冷静な位置づけを試みる。

1031
北朝鮮で何が起きているのか
――金正恩体制の実相
伊豆見元
ミサイル発射、核実験、そして休戦協定白紙化――北朝鮮が挑発を繰り返す裏には、金正恩の深刻な権威不足があった。北朝鮮情勢分析の第一人者による最新の報告。

ちくま新書

064
民俗学への招待
宮田登
なぜ私たちは正月に門松をたて雑煮を食べ、晴着を着るのだろうか。柳田国男、南方熊楠、折口信夫などの民俗学研究の成果を軸に、日本人の文化の深層と謎に迫る。

085
日本人はなぜ無宗教なのか
阿満利麿
日本人には神仏とともに生きた長い伝統がある。それなのになぜ現代人は無宗教を標榜し、特定宗派を怖れるのだろうか？　あらためて宗教の意味を問いなおす。

1048
ユダヤ教 キリスト教 イスラーム
――一神教の連環を解く
菊地章太
一神教が生まれた時、世界は激変した！「平等」「福祉」「不寛容」などを題材に三宗教のつながりを分析し、現代の底流にある一神教を読み解く宗教学の入門書。

1081
空海の思想
竹内信夫
「密教」の中国伝播という仏教の激動期に入唐した空海は何を得たのだろうか。中世的「弘法大師」信仰を解体し、空海の言葉に込められた「いのちの思想」に迫る。

222
人はなぜ宗教を必要とするのか
阿満利麿
宗教なんてインチキだ、騙されるのは弱い人間だからだ――そんな誤解にひとつずつこたえ、「無宗教」から「信仰」へと踏みだす道すじを、わかりやすく語る。

660
仏教と日本人
阿満利麿
日本の精神風土のもと、伝来した仏教はどのように変質し血肉化されたのか。日本人は仏教に出逢い何を学んだのか。文化の根底に流れる民族的心性を見定める試み。

744
宗教学の名著30
島薗進
哲学、歴史学、文学、社会学、心理学など多領域から宗教理解、理論の諸成果を取り上げ、現代における宗教的なものの意味を問う。深い人間理解へ誘うブックガイド。